KB130872

일상
철학
2

　필자의 글은 대략적으로 '사색'의 계기가 될 수 있는 글이거나 하나의 '당위성'을 내포한 글로 분류해볼 수 있을 것입니다. 사색의 계기가 될 수 있는 글은 독자의 성향이나 추구하는 방향성, 처해있는 상황에 따라 다양하게 사유를 전개해 나가실 수 있으리라 기대하고, 당위성을 내포하는 글은 경우에 따라 불필요한 간섭 혹은 잔소리로 보일 가능성이 존재할 수 있으리라 봅니다.

　당위성이 있는 글의 경우는 독자가 자율적인 판단하에 참고할 필요성을 느끼는 부분에 대해서는 참고하되 그렇지 않은 부분에 대해서는 굳이 얽매이실 필요가 없을 것 같습니다.

　이번 2권에서는 좀 더 다양한 주제를 다루려 하였고 그 과정에서 우화를 비롯하여 소설 느낌이 나는 글도 몇 가지 수록하였습니다. 이번 책에 수록된 글과 관련하여 특별히 하나 더 언급해보자면 예술을 다룬 글에 주로 등장하는 '관'이란 개념은 처음 보시는 분께서는 이해에 적지 않은 생소함을 느끼실 수도 있으리라 봅니다. 관에 대해 좀 더 상세한 이론적 배경이 궁금하신 분께서는 『일상철학』 1권 '지식의 해탈' 챕터를 참고하시면 관의 개념 이해에 좀 더 도움이 되시리라 봅니다(참고로 '지식의 해탈' 이론은 '자천학'에서 모티브를 얻은 것이며 본인의 관의 수준은 본인의 '계제'에 걸맞은 수준을 누리게 되니, 수준 높은 안목과 통찰 그리고 지적 수준을 드높이고 싶으신 분께 자천학을 추천해 드립니다).

부디 필자의 글이 독자 여러분의 더 나은 삶과 성숙의 추구에, 그리고 더 나아가 '자천학'(권장도서 목록 참조)을 널리 알리는 데 있어서도 작으나마 기여할 수 있게 된다면 저에겐 큰 기쁨이 될 것 같습니다. 저를 응원하고 도와주시는 많은 분께 일일이 다 호명하지 못하는 점 너그러이 양해를 바라며 늘 감사함을 느낍니다.

광안리 근처, 어느 고요한 밤에

김정후

차례

I

새벽의 철학

동트기 전의 고요함

기준법칙

'기준법칙'이란 것이 있다. 기준법칙이란 '존재는 더 나은 삶과 성장을 추구한다'는 것이다.

동물은 날마다 생존을 위한 투쟁을 하며 더 강한 생존력과 무리 속에서 더 강해지길 바란다. 식물 또한 생존을 위한 정적인 투쟁을 하며 더 강한 번식력과 생명력을 추구한다.

사람의 경우 더 나은 삶과 성장을 추구하면서 예술적 욕망이 강한 자는 예술가의 길을 걷고자 하고 학문적 욕망이 강한 자는 학자의 길을 걷고자 할 것이며 사업적 욕망이 강한 자는 사업가의 길을 걸을 것이다.

'기준법칙 발현의 결과'인 삶의 모습은 그 존재의 욕망과 선택 그리고 그 존재를 둘러싼 환경에 따라 제각각 달라지지만, 이 모두 기준법칙을 따르되 더 나은 삶과 성장을 추구하는 양상이 서로 다를 뿐인 것이다. 하지만 삶의 질 즉, 스스로가 느끼는 삶의 만족도는 기준법칙에 얼마나 유익한 선택을 연속적으로 내릴 수 있는가 하는 데에서 그 결과가 분명하게 갈리게 된다.

만족스런 삶을 원한다면 우선 스스로의 삶의 방향성을 분명히 결정할 필요가 있다고 본다. 삶의 방향성에 대한 주체적인 결단이 결여된 삶은 맹목성의 비난에서 자유로울 수 없을 것이다.

'무엇을 위한 삶을 살 것인가' 란 삶의 방향성을 명확히 하기 이전에 그 방향성이 과연 기준법칙에 있어 얼마나 유익한 방향인지를 분명히 고려해야 한다. 타인이나 그 어떤 암묵적 믿음체계[1]가 아무리 어떤 방향을 두고 그것이 옳고 유익하다고 은근히 강요한다고 해도 그것이 본인의 욕망에 부합하지 않으면서 기준법칙에 있어서도 유익하지 못하다면 분명한 거부를 할 수 있는 용기가 필요하다.

본인의 욕망에 부합하며 기준법칙에 있어서도 유익한 삶의 방향성을 찾고 찾았다면 분명한 결단을 내려야 한다. 명확한 방향성 없이 이리저리 휘둘리는 맹목적인 삶은 하나의 거쳐 온 과정으로서 이제 졸업할 때가 된 것이다.

본인만의 확고한 방향성을 추구하며 기준법칙에 유익한 선택을 연속적으로 하는 존재는 본인의 기준법칙이 보다 잘 충

---

1) 『일상철학』 1권 참조.

족됨으로써 삶의 대한 만족도와 자존감은 높아져간다. 반대로 기준법칙을 따르되 여러 요인으로 인해 기준법칙에 이롭지 않은 선택을 연속적으로 하게 되는 존재는 삶의 만족도와 자존감이 낮아질 것이다.

기준법칙 발현의 결과인 삶의 모습을 두고 판단해볼 때, 본인의 욕망에 부합하며 기준법칙에 유익한 선택을 얼마나 연속적으로 잘해 왔는가를 두고 이번 생의 삶이 얼마나 만족스럽고 뿌듯한 삶이었는지 가늠해볼 수 있지 않을까.

(좀 더 명확한 이해를 위해 기준법칙을 다음과 같이 구분해볼 수도 있을 것이다. '본인의 기준법칙'과 '보편적 기준법칙'으로 말이다. 일반적으로 본인의 기준법칙에 이로운 선택이라 함은 당연히 보편적 기준법칙에 있어서의 이로움이 밑바탕에 전제되어야 한다. 왜냐하면 보편적 기준법칙에 이로운 선택이어야만 '선인선과의 원리'에 따라 본인의 기준법칙에 있어서도 이로울 수 있기 때문이다.

만약 본인에게만 이롭고 보편적 기준법칙에는 해로운 선택을 연속적으로 하게 된다면 요행히 일시적으로 본인에게 유리할 경우도 있으나 장기적으로 봤을 때는 대가를 치름에 따라 본인의 기준법칙에 해로운 안타까운 결과를 야기하게 된다.

본인의 기준법칙에 유익한 선택을 추구하는 현명한 자라면 당연히 보편적 기준법칙의 이로움을 함께 고려해야만 한다. 본인의 기준법칙과 보편적 기준법칙은 그냥 '기준법칙'으로 통칭하여 표현해도 무방하다고 보며, 이 개념의 맥락적 의미에 대한 접근은 '직관적'이었으면 좋겠다.)

상수와 변수

상수와 변수가 있다.

이 글에서 상수는 본인의 삶에서 누리는 것이 당연시 여겨지는 부분이고, 변수는 아직 본인의 삶에서 누리는 것이 당연하게 여겨지지 않는 부분이라고 간주해 보자.

여기 가난하지만 매력적인 여자 A가 있다. 그녀에게 있어 상수는 '매력'이고 이 상수로 인해 누리는 이성으로부터의 호감 어린 시선과 관심, 호의적 태도는 A에게 있어 누리는 것이 당연시 여겨지는 부분이다.

A는 기분이 좋을 때엔 상수로 누리게 되는 부분으로 우쭐해지기도 하고 내밀한 만족을 느끼기도 하지만 가끔은 그러한 측면이 다소 귀찮게 여겨질 수 있다. 가령 A가 화가 나서 벽을 쳐다보며 화를 진정시키고 있는 상황이라고 치자. 그 순간 A의 곁을 지나가던 호감형의 남성이 A를 발견하고 그녀를

아주 애틋하게 쳐다본다면 어떨까. 이 상황에선 A는 기분 좋은 흐뭇함을 느끼기보다는 그 남성을 짜증스러운 시선으로 매섭게 쳐다볼 가능성이 있다.

A는 하루에도 수십 번 길거리에서 호감형의 남성들과 우연히 마주치게 되고 그때마다 그 남성들은 그녀를 결코 차갑게 외면하지 않을 것이다. 만약 위의 상황을 매력이 상수가 아닌 평범한 외모의 여성이 목격한다면 A를 두고 '결코 이해할 수 없는 성격이 까칠한 여성'으로 욕하며 마냥 질투할지 모른다. 하지만 그 평범한 여성 또한 본인의 상수 앞에서는 A와 비슷한 태도를 보일 가능성이 있다.

만약 A가 큰 병을 앓아서 매력이란 상수가 변수의 위치로 뒤바뀌게 된다면 그녀는 본인이 누려왔던 상수의 소중함을 새삼 깨닫게 될 것이다. 하지만 이러한 상수의 이면을 잘 아는 A는 본인의 상수를 유지하기 위해 매일 꾸준히 헬스장을 가고 식단을 조절하며 매력적인 외모를 유지하기 위한 많은 노력을 한다. 하지만 어쩔 수 없이 상수는 너무나 일상적으로 흔히 경험하는 부분이라 매번 큰 감흥을 느끼기가 어렵기에 위의 경우와 같은 매너리즘의 상황에 빠질 가능성을 배제할 수 없다(여기서 매너리즘이라 칭한 이유는 만약 매력이 상수가 아닌 여성의 경우였다면 그러한 상황은 흔치 않은 우호적인 사건으로서 즉시 화를 가라앉히고 오히려 그 남성에게 다정한 시선을 보낼 가능성이 높기 때문이다).

여기 부유한 가문에서 태어난 B라는 남자가 있다고 하자. B는 A와는 다르게 '매력' 보다는 '부' 라는 상수로 인한 매너리즘에 빠질 가능성을 배제할 수 없다.

따라서 쇼핑을 할 때 가격표는 쳐다보지 않고 필요하지도 않는 물건들을 쓸어담는다든가 밤마다 체력이 버텨줄 때까지 온갖 향락과 유흥으로 쾌락에 취해 사는 행태를 보일 가능성이 있다.

물론 본인 스스로 현명한 판단을 통한 현명한 선택을 추구하는 경우라면 이야기가 달라지겠지만 어떤 경제적인 선택 앞에서도 B에게 있어 돈은 상수이기에 돈에 대해 무감각한 '부의 매너리즘' 에 빠질 가능성을 배제할 수 없을 것이다.

본인이 소유한 돈의 불어남 그 자체에서 비롯되는 순수한 만족의 정도를 A와 B의 경우를 놓고 비교해본다면 '부' 가 상수가 아닌 A의 만족도와 감흥을 B는 결코 따라잡을 수 없다.

A에게 있어 돈은 변수에 해당된다. 그녀는 매력이란 상수를 누리고 있긴 하나 가난하다. 돈은 A의 삶에 있어 누리는 것이 당연시 여겨지는 부분이 아니다. 따라서 돈이란 변수가 불연속적으로 그녀의 삶에 출현할 때 그녀가 느끼는 행복과 만족감은 상수로 인해 느끼는 만족감과는 감흥의 측면에서 질적으로 다르다.

B의 경우는 '스스로의 노력을 통해 성취한 뛰어난 경영성' 과, '자선사업과 같은 긍정적 행보를 통한 좋은 평판'과 같은 부분은 변수에 해당된다. 따라서 B의 경우는 위와 같은 변수가 그의 삶에 불연속적으로 출현할 때 큰 감흥과 성취감을 맛본다.

　A는 본인의 매력이란 상수에 안주하지 않고 돈을 비롯한 훌륭한 커리어, 다양한 취미생활, 폭넓은 사회적 네트워크와 같은 변수를 추구하며 변수를 본인의 상수로 서서히 성취해 가는 과정에서 일상에서의 감흥과 삶의 만족도는 높아져갈 것이다.

　B도 본인의 상수에 안주하지 않고 기부와 자선단체 활동과 같은 변수를 부단히 성취해나가며 본인의 삶의 만족도를 높여나갈 수 있을 것이다.

　상수에서 연속적인 안정감을 누리면서 변수의 추구를 통해 삶의 활력과 성취감을 맛보는 것이다. 본인의 더 나은 삶과 성장에 유익한 방향으로의 끝없는 변수에의 추구는 그것이 다른 존재의 더 나은 삶과 성장에 해로움이 되지 않는 한 본인의 상수 수준을 높이며, 그 과정에서 삶의 만족도는 점점 더 높아져갈 것이다.

　반면 본인의 상수에 안주하여 머무르는 한 일상에서의 감흥과 삶에 대한 만족은 서서히 감소할 것이며 그에 반비례하여 삶에 대한 권태감은 늘어날 것이다. 결국 본인의 상수 수준이 하락하고, 누렸던 상수가 변수가 되어버리는 안타까운 경우까지도 발생할 가능성을 결코 배제할 수 없다(상수와 변수는 하나의 재미있는 관점으로서 참고하되, 이러한 관점에 괴로이 얽매여야 할 이유는 없다).

탕삽을 깨달은 어느 요리사

A라는 요리사가 있다. 그는 늘 요리에 대해 궁리하고 탐구하며 관련 서적들을 열심히 공부한다.

요리에 대해 탐구하던 어느 날, 그는 '탕삽'이란 개념을 퍼뜩 깨닫게 된다. 그가 깨우친 탕삽이란 각 요리마다의 정형화된 요리법에서 탈피하여 전혀 어울릴 것 같지 않은 다른 재료나 다른 요리에서 활용되는 방법들을 잘 융합함으로써 기존의 요리를 능가하는 새로운 맛과 풍미의 새 요리를 지속적으로 탄생시켜야만 한다는 요리의 전위적 개념이다.

이 탕삽의 개념으로 인해 전통적 요리는 그 풍미와 맛이 지속적으로 발전할 가능성이 있고, 탕삽으로 인해 새로이 탄생된 요리는 지속적으로 제한 없는 탕삽의 과정을 통해 무궁무진한 새 요리들이 탄생 가능하다는 놀라운 개념을 A는 알아차린 것이다.

A는 본인이 통찰한 탕삽이란 개념을 요리에만 국한시킬 것

이 아니라 모든 분야에 적용할 야심을 품기 시작한다. 육아법에 관해 이야기를 할 때에도 탕삽의 개념을 적용시키고, 각종 사건에 대한 평을 남기면서도 탕삽의 개념을 들먹이며, 정치이론에 대해서도 탕삽을 우려먹는다.

A에게 있어 탕삽이란 개념은 모든 현상에 대한 손쉬운 결론을 내릴 수 있게 하는 만능 키가 된 것이다(물론 A가 본인이 통찰한 개념을 통해 모든 현상에 대한 손쉬운 해석을 내리고 결론을 찾는 것은 너무도 자연스럽고 당연한 일이다. 다만 A는 그의 관법 체계에 있어 탕삽이 하나의 대전제적 개념이라면 확고해야 함이 분명하지만, 여기서 탕삽이란 개념의 맥락은 살아가면서 새로운 알아차림이 있을 때마다 깨닫게 되는 성숙해가는 과정에서 거쳐 가는 개념으로서의 의미로 쓰였다. 무엇이 본인의 관법 체계에 있어 확고해야 할 대전제적 개념인지, 무엇이 성숙해져가는 과정에서 알아차리게 되는 안주하지 말아야 할 '거쳐 가는 개념'인지는 스스로가 직관적으로 분별 가능하다).

그가 늘 탕삽에 대해 유세를 하고 다닐 무렵 그를 보다 못견딘 요리사 B는 A에게 '자네는 언제 그 탕삽을 넘어설 것인지' 하며 우려하기 시작한다. 탕삽을 발견하고 응용하는 것까지는 좋은데 너무 탕삽에 취해 탕삽을 꼭 움켜쥐고 무덤까지 가져가려는 집착은 아닌지 안타까워한다.

본인의 위대한 발견을 질시하는 듯한 B의 말에 화가 난 A는 그 잘난 B가 요리에 대해 남긴 기록들이 궁금해지기 시작한다.

어느 날 우연히 B의 집을 방문하게 된 A는 B가 잠시 자리를 비운 상황을 노려 그가 남긴 기록들을 몰래 훔쳐보게 되는데, 그 순간 A는 놀라움에 사로잡히게 된다.

B는 이미 10년 전에 탕삽의 개념을 깨치고 나서 금세 그 이상의 개념들을 통찰하며 그 개념들조차도 결코 오래 머무르는 일 없이 그 이상의 개념들을 지속적으로 탐구하며 쉼 없는 개념의 첨단을 달리는 중이었던 것이다.

B는 진정 날마다 더 수준이 높아져가는 요리의 대가였다. 반면 A는 본인이 힘겹게 통찰한 탕삽 하나만을 붙들고 어떻게 이것을 우려먹을 것인지만을 연구한 '탕삽과 함께 화석이 되길 자처한 고인 물' 이자 3류에 불과했던 것이다.

A는 그만 부끄러움에 고개를 숙이며 말도 없이 대가 B의 집을 공손히 나오게 되었다고 한다.

오소리계의 안타까운 미학

오소리 A가 있다. A는 무리 중 가장 낮은 위치에 속한 약자 오소리다.

그는 자신의 위치를 상징하는 초라한 집, 무딘 이빨과 발톱, 작은 덩치와 듬성듬성 빠져있는 털을 결코 좋아하지 않는다. 오소리들이 발행하는 신문이나 TV를 봐도 그는 자신과 비슷한 처지에 놓인 오소리들을 상징하는 듯한 내용이 나올 때면 빠르게 지면을 넘기거나 채널을 돌린다.

A는 자신의 처지를 떠올리게 하는 것들로부터 가급적 벗어남으로써 비참함과 열등감을 느끼고 싶어 하지 않는 반면 미학적으로 세련되고 멋진 주류의 힘을 상징하는 것들은 좋아하고 동경하기 때문이다.

오소리계의 신문과 TV를 좌지우지하는 자들은 죄다 덩치가 크고 이빨과 발톱이 잘 단련되어 있으며 윤택한 털은 오소리계의 높은 위치에 속해있다. TV와 신문의 흐름은 그것들을 좌지우지하는 강한 오소리들의 입장을 주로 대변하고 있으며 그 내용 또한 강한 오소리들의 세련됨과 힘을 상징하는 내용들이 주를 이룬다. 간혹 '구색 맞추기' 또는 '약자는 결코 소외당하고 있지 않다'는 사실을 선전하기 위한 전략으로써 약자 오소리계의 입장이 반영된 내용이 간간히 나오기도 한다.

강한 오소리들의 세련됨과 힘을 상징하는 내용들은 그것들을 동경하는 약자 오소리계의 흥미를 끄는 것이 사실이다. 따라서 그들은 TV와 신문을 통한 강한 오소리들이 내세우는 논리에 자연스레 수긍하게 되며, 강한 오소리들의 세련됨과 힘을 동경하면 동경할수록 약한 오소리계의 주장과 그들의 행보에 대해서는 상대적으로 거북함과 구질구질함으로 느껴지게 되며, 자신의 비참한 처지를 자꾸 떠올리게 되어 그냥 외면하기 쉽다. 마치 길거리에서 추함을 상징하는 무언가를 발견했을 때 재빠르게 인상을 찌푸리며 고개를 돌리게 되는 상황과 크게 다르지 않는 것이다.

그래서 오소리계는 늘 강한 오소리가 불과 소수임에도 그 강한 소수를 위한 여론이 언제나 자연스럽게 형성되게 된다.

오소리계의 안타까운 미학 이야기가 아닐 수 없다.

사자를 숭배하는 늑대

늑대 A가 있다.

늑대 A는 같은 늑대가 쓴 역사가 오래된 '사자를 숭배해야만 한다'는 내용의 책을 본 이후로 사자를 동경한다. 동경을 넘어 숭배하고 전적인 정신적 의존을 한다. 그 책의 내용에 충실한 삶을 사는 것이다. 이 늑대가 먹고 자고 사는 이유는 사자를 위함이고, 사자를 위해 밤마다 숭고한 의식을 거행하기도 한다.

이 늑대는 사자를 숭배하고 정신적으로 의존하는지라 겉모습은 사자와 같은 당당함을 보이나 실은 늘 사자에게 어리광을 부리는 늑대다. 사자 없이 자신의 길을 당당히 가는 것을 상상도 할 수 없는, 덩치가 크나 작으나 그는 어리광을 부리는 겉은 늠름한 늑대다.

어느 날 어떠한 대상에도 맹목적인 정신적 의존이나 숭배 따위는 하지 않으며 자신의 길을 의연히 가는 진짜 늠름한 늑대 B가 어리광 늑대 A를 보고 한마디 한다.

"난 너를 어릴 적부터 지켜봐왔는데 아직도 사자 없이는 단한 걸음도 내딛을 엄두를 내지 못하는 어리광쟁이로구나. 네가 아무리 지금 덩치가 그때보다 더 커졌다 한들 너는 어릴 적그 당시 어리광부리던 녀석과 크게 다를 바 없는 불쌍하고도미숙한 늑대로구나!

네가 애지중지하는 그 책을 보렴. 그 책은 그저 같은 늑대가 쓴 사자를 숭배하기 위해 만든 사자를 위한 숭배론이요, 어리광을 좀 더 체계적으로 잘 부리기 위한 견해에 불과하다는것을 왜 모르냐. 너는 '지식의 해탈'[2]도 아직 모르는 모양이구나.

사자를 동경하고 공경하는 건 좋지만 늘 사자에 정신적으로 의존하고 숭배하며 덩치만 크고 속으론 어리광을 부리는네 꼴을 보렴. 갓 태어난 아기 늑대조차도 어리광부리지 않고도 자신만의 걸음을 능히 아장아장 걷는데 너는 대체 뭐니."

이 말을 듣고 화가 난 A는 '사자를 숭배해야만 한다'는 내용의 그 책을 꼭 움켜쥐고 사자의 이름을 속으로 되뇌며 '네가 감히 진리의 책과 사자님에 대한 나의 숭고한 태도를 욕보이게 하다니' 하며 진짜 늠름한 늑대 B를 쏘아보려 하지만

---

2) 『일상철학』 1권 참조.

'어리광' 이란 단어가 자꾸 맴돌아 주눅이 든 채 그만 자기 소굴로 얌전히 돌아갔다고 한다.

철수야

지식인 A와 B는 한 학술 세미나에서 절친한 친구 철수를 만났다. A는 '철수야'라고 반갑게 부른다. 반면 B는 사석에서라면 '철수야'라고 했겠지만 오늘따라 주위의 많은 사람들을 의식해서인지 '오 마이 프렌 엘레강스 댄디 보이 철수'라고 우아하게 부른다.

A는 B에게 철수를 사석에서처럼 철수라고 부르면 되지 뭘 그리 어렵게 부르는가 하고 따진다. B는 이에 아랑곳하지 않고 계속해서 철수를 복잡하고 우아하게 부르기를 고집한다(여기까지는 그냥 조크로 보셔도 된다). 동시에 B는 사람들이 자신의 글을 가급적이면 알아듣지 못하기를 내심 바라면서 쓴 두꺼운 현학의 화장이 덕지덕지 칠해진 글을 발표하기 시작한다. 사람들이 자신의 글을 난해해하면 할수록 좀 더 심오하고 세련되어 보이리라.

난해한 그의 글에 아리송해 하는 사람들의 표정 앞에 우쭐해하는 B의 모습을 지켜보면서 A는 B의 자질을 의심하기 시작한다.

'그는 지식인으로서 글을 쓰는데 왜 독자를 배려하기는커녕 독자를 배척하는 글을 쓰려는 것일까. 그의 글쓰기는 누구를 위한 글쓰기일까? 만약 이 자리에 방청하러 온 한 대학생이 그의 글을 온전히 다 이해하고 예리한 질문을 던진다면 그는 무척 화가 나지 않을까?

동시에 A는 B에게 연민을 느끼기 시작한다. '얼마나 민낯에 자신이 없었으면 화장이 그리 두꺼울 수 있겠는가' 하는…….

나는 '절대자' 님의 존재를 믿는다. 절대자님은 흔히 일컬어지는 '신'이란 의미로도 이해될 수 있을 것이다.

나는 절대자님의 존재를 믿지만 그분을 숭배하거나 맹목적인 정신적 의존을 하는 것에 대해서는 철저히 거부한다. 지나친 엄숙주의도 경계한다. 다만 당당히 나의 길을 가며 절대자님을 공경하는 것이다.

나는 자천(自天)을 한다[3]. 나는 내 '뜻'을 추구하면서 더 훌륭해지고 싶고 더 수준 높은 존재로 거듭나길 원한다. 나의 뜻을 추구하며 더 훌륭해지길 원하고 더 수준 높은 존재가 되길 원하는 것, 이것이 바로 나의 기준법칙의 순응 방식이라고도 볼 수 있다.

내 수준[4])이 높아져 가면 갈수록 나는 절대자님이 계신 곳

---

3) 자천(自天)에 대해 궁금하신 분들은 『하늘공부』 1, 2, 3권, 『땅인 사람』 1, 2권 그리고 『제라울』 책을 참고 바란다.

에 점점 더 가까워지리라 믿는다. 물론 그 거리가 너무나 아득 하게 멀지만 항상 의연하게 나의 길을 가는 것이다.

---

4) '계제'라고도 한다.

아쉬워 보이나요?

길거리에서 매우 남루한 행색의 자선모금을 하는 사람 A가 있다. A에게서는 사람들의 기부에 대한 절실함이 느껴지지만 정작 그의 주위에 있는 사람들의 표정을 보면 A에게 기부할 의사가 있는 사람은 거의 없어 보인다.

그의 남루한 행색이 그의 자선모금 행위를 공적인 차원이 아닌 사적인 차원에 머물게 만들었기 때문인지도 모른다. 즉, A의 초라한 행색으로 보아 그는 자선모금을 공적인 차원이 아닌, 사적인 차원의 동기에서 어쩌면 자신의 생계비를 충당하기 위해 자선모금을 하는 게 아닐까 하는 의구심이 들게 되는 것이다.

반면 말끔하게 옷을 차려입은 세련된 B가 자선모금을 한다. 그의 말쑥한 행색은 그의 자선모금 행위를 공적인 차원에 머무르게 하는 데 성공한다. 사람들은 B가 자선기금을 본인의 생계비와 같은 사적인 용도로 전용하지 않을 것임을 A의 경우보다 상대적으로 훨씬 더 신뢰하게 되는 것이다.

사람들의 기부가 정말 절실해 보일수록(행색이 초라하고 궁핍해 보일수록) 오히려 사람들의 기부와는 점점 더 멀어지게 되고, 그 반대의 경우엔 오히려 더 사람들의 기부로부터 가까워진다.

돈을 빌릴 때의 경우도 유사한 상황이 발생한다.

은행에 가서 돈을 빌리려고 할 때 대출조건이 보다 더 잘 충족되면 충족될수록 즉, 돈이 별로 아쉽지 않아 보일수록 돈 빌리기가 훨씬 쉬워지고 그 반대의 경우라면 무릎을 꿇고 통사정을 해도 돈을 빌리기가 매우 어려울 것이다. 가까운 지인들에게 돈을 빌릴 때도 돈이 전혀 아쉬워 보이지 않을수록 겉으로 보기에 정말 궁핍해 보이는 경우보다 오히려 훨씬 더 많은 돈을 빌릴 가능성이 높다.

외모지상주의를 배격하며 외모로 인한 모든 사회적 차별을 추방하자는 시민운동이 있다고 치자. 그 운동단체의 회원들의 외모가 준수하면 준수할수록 사회적 호응도와 그들의 주장의 호소력은 그에 비례하여 높아질 것이다. 즉, 그 운동단체가 외모에 있어 사적인 차원에서 아무런 아쉬움이 없어 보일수록 외모에 의한 모든 사회적 차별 철폐운동은 '열등감의 발로'라든가 '외모 콤플렉스로부터 비롯된 강한 반발작용'과 같은 사적인 동기에서 비롯된 것이 아닌가 하는 의구심에서 벗어나 철저히 공적인 차원에 머무르며 그 호소력은 더욱 높아져 가는 것이다.

　위의 사례들처럼 아쉽지 않아 보일수록 오히려 그 아쉬움이 훨씬 더 원활히 잘 해결되는 상황은 누구나 살면서 일반적으로 통찰하고 있는 부분일 것이다. 나는 단지 이러한 현상이 정말 재미있게 여겨져 이렇게 글로 옮겨보았다. 다만 위와 같은 상황들이 항상 그러하다며 성급하게 일반화하는 것은 경계할 필요가 있지 않나 생각한다.

주류와 비주류

　주류의 과거형은 대개 비주류요, 주류가 상수5)에 안주함에서 비롯되는 매너리즘과 성찰의 부재는 비주류의 주류화를 촉진시키는 계기가 된다.

　비주류는 주류의 자리를 넘보며 주류가 더 성숙한 주류로서 거듭나는 데 직·간접적으로 도움이 되는 계기를 제공하기도 한다. 만약 이러한 주류의 성숙을 더 이상 기대할 수 없는 주류에 의한 폐단이 지속되는 경우, 비주류는 주류의 견제를 넘어 스스로 주류의 자리를 차지하기 시작한다.

　주류는 지켜야 할 상수가 너무나 많기에 비주류를 견제함과 동시에 모험을 하기보다는 주로 정형화되고 안정된 길만을 추구하려는 경향이 있다. 따라서 주류는 예측 가능한 안정성을 누림과 동시에 매너리즘에 빠질 위험이 늘 도사리고 있

---

5) 앞의 '상수와 변수' 글 참조.

으며, 성찰의 부재에 직면하는 순간 위기는 시작된다. 반면 주류의 끊임없는 성찰과 긍정적 방향으로의 변수에의 도전은 주류를 더욱 성숙하게 한다.

비주류는 상대적으로 지켜야 할 상수의 무게로부터 자유롭기에 안정된 노선만을 벗어나 모험이 가능하며 이 모험 중에 간혹 역사적인 비약적 성과를 거두기도 한다. 반면 모험이 가능한 비주류는 상대적으로 불안해 보일 수 있다는 단점이 있다.

이 비약적 성과를 계기로 사회가 한층 더 진보하고 성숙해지는 결과를 야기하기도 하면서 동시에 이것이 곧 비주류가 주류가 되는 사건이 되기도 하고, 주류의 큰 성찰을 요구하는 계기가 되기도 한다.

300가지가 넘는 색으로 칠해진 공

300가지가 넘는 색으로 칠해져 만들어진 공이 있다. A는 그 공에 대해 이야기할 때 본인이 눈여겨본 몇 가지 색만을 언급하면서 그 공을 이야기한다. B도 본인이 특별히 좋아하는 색 몇 가지만을 언급하며 그 공에 대해 이야기한다. 공에 대해 이야기할 때 그 공에 칠해진 300가지가 넘는 색을 모두 말하기란 현실적으로 어렵기 때문이다.

A와 B가 언급하는 색은 각각 다르지만 모두 같은 공에 대해 이야기를 한다. 그 공은 300가지가 넘는 색으로 칠해졌기 때문에 공에 대한 묘사는 너무나 다양하게 나올 수 있다.

어떤 현상을 이야기할 때에도 그 현상에 대한 설명이 그 현상을 둘러싼 수많은 변수들을 모두 고려하기란 위의 공의 경우처럼 사실상 어렵다. 현상을 둘러싼 의미부여가 가능한 변수란 찾아본다면 무궁무진하게 발견될 수 있기 때문이다. 게다가 그 현상을 둘러싼 수많은 변수들 중 단 하나의 변수라도 결여되게 된다면 과연 그 현상이 그대로 유발될 수 있었을지 장담할 수 없는 일이다.

공터에 화재가 났다고 치자. 화재라는 현상 이면에는 그 화재라는 현상을 둘러싼 많은 요인들이 있다. 화재가 일어날 당시의 시간, 습도, 바람의 세기, 현장의 인화성 물질, 인화성 물질에 불씨가 닿게 된 원인, 그 불씨가 발생된 경위, 불씨가 발생된 경위를 유발시킨 조건들, 불씨가 발생된 경위를 유발시킨 조건들을 유발시킨 조건들, 불씨가 발생된 경위를 유발시킨 조건들을 유발시킨 조건들을 유발시킨 조건들(말장난처럼 보여 여기까지만 하겠지만 이는 무한히 반복 가능하다), 현장의 인화성 물질을 방치한 사람, 화재가 난 장소가 공터가 된 과정 등 찾아보자면 상당히 많은 변수들이 있을 것이다.

이 화재에 대해 이야기할 때에도 사람들은 위의 300가지가 넘는 색으로 칠해진 공의 경우처럼 본인이 특별히 눈여겨본 몇 가지 변수만을 고려하며 그 화재에 대해 이야기할 것이다.

이 글의 내용을 기존의 경제, 정치학을 포함한 모든 사회과학 서적들을 읽을 때마다 떠올려보자. 그리고 그 저자들이 미처 언급하지 못한 나머지 299개의 색을 한번 찾아보는 게 어떨까. 그 순간 당신은 그 저자와는 전혀 다른 관점으로 그 책들이 다루고 있는 현상들을 흥미롭게 바라볼 수 있으리라.

상대방이 더 나아지길 바라는 '비난'이라면

A라는 꿀벌이 있다. 이 꿀벌은 꿀을 채집하는 데에 강한 의욕이 있다. 감독자 겸 다그치기 좋아하는 꿀벌 B는 꿀벌 A가 자꾸 채집시간에 딴생각을 하고 채집에 소홀한 것 같다며 A를 괴롭힌다. 꿀벌 A는 채집에의 확고한 태도와 의욕이 있기에 B의 비난을 들으면 들을수록 화가 나면서도 더욱 의연하게 향상된 성과를 보여주려 노력한다.

반면 꿀벌 C는 A와는 달리 채집에 그다지 강한 열의를 보이지 않는다. 그저 해야만 하기에 꿀을 채집하는 것일 뿐이다. 꿀벌 B는 C에게도 '채집을 하는 건지 마는 건지 어떻게 이리도 채집량이 적을 수가 있냐'며 수시로 다그치곤 하는데 그때마다 꿀벌 C는 더 움츠러들고 가능한 한 채집으로부터 멀리 도망가고 싶어 한다.

B의 비난이 A에게는 더 의연해지고 더 나은 성과를 내게끔 하는 계기가 되었고, C에게는 그 부정적인 표현의 의미가 가

리키는 방향대로 더더욱 채집하고 싶지 않게 만드는 부정적 영향이 발생했다.

이번에는 A와 B 두 학생이 있다고 치자. A는 공부에의 확고하고도 강한 의욕이 있는 학생이고 B는 그저 공부는 해야만 하기에 어쩔 수 없이 공부를 할 뿐이다.

A, B가 컴퓨터 게임을 하다가 이제 막 공부를 하려고 의자에서 일어나는 상황을 가정해보자. 이때 A, B의 아버지가 방에 들어와 공부를 하려고 일어서는 A와 B에게 '넌 아직도 컴퓨터 게임을 하고 있냐, 공부는 언제 할 거냐'고 잔소리를 한다면 어떨까. A의 경우는 '지금 막 공부하려던 참이었어요' 하고 퉁명스럽게 말하며 얼마나 열심히 공부를 할 수 있는지 보여주겠다는 일종의 오기가 발생할 가능성이 있다.

반면 B의 경우는 '지금 막 공부하려던 참이었는데 왜 오해하고 그러세요' 하고 짜증을 내며 아버지의 표현 의미가 가리키는 방향대로 공부할 기분이 망쳐졌으니 공부하지 않겠다는, A와는 정반대의 오기가 발생할 가능성이 있다.

비난은 확고한 태도와 의욕을 가진 자에게는 그를 더욱 의연하게 해주는 계기가 되기도 하고 그 반대의 경우에는 그 비난의 의미가 가리키는 방향대로 그를 서서히 몰고 갈 가능성이 있다.

  상대방이 더 나아지길 바라는 비난이라면 우선 상대방이
얼마나 확고한 태도와 의욕을 가지고 있는지부터 살펴보는
게 현명하지 않을까.

지나친 아부와 과도한 쾌활함

평소에 찬사를 아부에 가까울 정도로 하는 A가 있다. 그는 자신이 잘 보여야 하는 상대일수록 칭찬을 아끼지 않는다. 아끼지 않는 수준을 넘어 상대방이 부담감을 느낄 정도로 아부를 한다. 상대방이 조금이라도 흡족해하는 기색을 보여야 안심하는 것이다.

A는 평소에 찬사의 '지나침'으로 자신이 잘 보여야 하는 상대를 만나는 동안에는 정서적 안정감의 측면에 있어 '치우침'의 상태에 놓여있다. 자신이 잘 보여야 하는 상대를 만나지 않는 동안에 이 치우침 상태의 균형을 잡지 못하면 신경은 예민해지고 스트레스는 늘어나 결국에는 자존감마저 낮아질 가능성이 있다. 정서적 안정감의 측면에서 불안정함을 느끼기 때문이다.

따라서 A는 자연스럽게 그 치우침의 상태를 본인이 굳이 잘 보여야 할 필요가 없는 상대방을 통해서 균형을 잡는 시도를 하게 될 가능성이 높다. 즉, 정서적 안정감의 측면에서 치우침을 유발케 했던 본인의 행위와는 정반대의 행위를 굳이 잘 보여야 할 필요가 없는 상대방에게 함으로써 균형을 추구하는 것이다. 당연히 그 상대방의 입장에서는 A가 원망스러울 수밖에 없다. 왜 굳이 필요 이상의 찬사를 통해 스스로를 치우침의 상태에 놓이게 해놓고 그 균형을 잡는 짓을 애꿎은 사람을 통해 하는지 말이다.

평소에 과하게 쾌활한 B가 있다. 그는 어떤 자리, 어떤 모임에 가든 쾌활함을 유지하려 노력한다. 그 유지하려는 노력이 때론 눈물겨울 정도다. 적당한 유쾌함을 넘어 그는 적극적인 쾌활함을 통해 사람들로부터 관심과 호감을 얻고 모임의 주도권을 자연스럽게 이끌어 감으로써 언제나 초대받고 환영받는 사람이 되고자 하는 의욕이 강하다.

그는 지나친 쾌활함으로 인해 사람들을 만나는 날이면 위의 A의 경우와 비슷하게 늘 '치우침' 상태에 놓여있다. B 또한 과도한 쾌활함으로 인한 치우침의 상태를 균형으로 되돌리지 않는다면 스트레스가 늘어남으로써 정서적 측면에서 결코 좋지 않은 결과가 초래될 가능성이 높다.

B는 평소 본인의 과도한 쾌활함으로 정서적 안정감의 측면에서 발생한 치우침을 균형으로 되돌리기 위해 과도한 쾌활

함과는 정반대의 행위를 통해 치우침의 균형을 추구할 가능성이 높다. 사람을 만나지 않을 때는 우울한 노래를 들으며 완전한 혼자만의 고독을 즐긴다든지 혹은 일상에서 잠깐씩 만나게 되는 모르는 사람들 앞에서는 꼭 필요한 대화 외에는 싸늘할 정도의 침묵을 유지하려 할지도 모른다. 과도한 쾌활함으로 인한 치우침의 균형을 추구하기 위해서 말이다.

A와 B 모두 정서적 안정감의 측면에서 치우침을 유발한 원인은 서로 다르지만 그 본질은 같다. 모두 대인관계에 있어서의 태도 및 행위의 지나침 혹은 과도함 탓이다.

대인관계에서의 적당한 온건함의 태도 및 행위를 보이는 사람은 상대방을 부담스럽게 하지 않으면서 안정감이 있다. 평소에 스스로 치우침을 유발하지 않기에 당연히 그 균형을 추구하는 과정에서의 그늘짐도 보이지 않는다.

A, B는 왜 매번 치우침을 유발함으로써 결과적으로 그늘짐을 피할 수 없게 되는지, 그 그늘짐의 어두움이 짙어질수록 더욱 스스로에 대한 성찰이 필요한 것이 아닐까.

'지식의 해탈' 이론 부연설명

　본인만의 삶의 방향성을 확립하고 그 방향성에 부합하는 주체적인 가치관과 판단 기준을 가지며 본인만의 가치관과 판단 기준을 통한 주체적인 바탕지식의 함양과 그 함양과정에서 '지식의 해탈' 즉, '세상 혹은 현상 혹은 대상은 ~로 볼 수 있다, 혹은 ~로 간주된다' 라는 일종의 해석의 의미를 가지는 지식인 '과학적 철학적 경제학을 비롯한 사회과학적 혹은 역사적 지식' 의 본질을 알아차림으로써 본인의 가치관과 판단 기준에 부합하지 않는 지식들로부터 자유를 누리며 본인만의 주체적인 관법을 만들어갈 필요가 있음을 『일상철학』 1권에서 주장한 바 있다.

　그리고 다시 한 번 말하지만 '지식의 해탈' 에서의 '지식' 은 위에서 잠깐 언급했던 '세상 혹은 현상 혹은 대상은 ~로 볼 수 있다, 혹은 ~로 간주된다' 라는 일종의 '해석' 의 의미를 가지는 지식인 '과학적 철학적 경제학을 비롯한 사회과학적 혹은 역사적 지식' 등이 주로 해당된다. 그리고 무엇이 '지식의 해탈'에서의 '지식'에 해당되는 것인지는 직관적으로 알아차릴 수 있다고 본다. 다만 글로 옮김에 따라 좀 더 분명히 하고자 위와 같이 '해석'의 의미를 가지는 지식이라고 썼을 뿐이다.

그리고 '바탕지식'에 대해 좀 더 부연설명을 해 보자면 바탕지식은 곧 본인의 세상을 바라보는 관법이 되며 이 바탕지식은 본인이 살면서 스스로 고찰 혹은 경험을 통하여 결론을 내린 부분(이것을 글로 옮기면 관념, 지식이 되므로), 책이나 타인 혹은 각종 미디어를 통해 들은 지식, 견해, 관념 그리고 본인이 직관적·선험적으로 알고 있는 부분도 해당된다(직관적·선험적으로 알고 있는 부분을 글로 써본다면 그것이 곧 관념이 되고 지식이 되기 때문이다).

이 바탕지식(관법)은 본인만의 세상을 바라보는 방식이자 관점이 되고 본인만의 판단 기준으로서 작용한다고 본다.

지식의 해탈을 통해 지식의 본질을 알아차림으로써 본인의 방향성과 가치관에 부합하지 않는 지식으로부터 자유를 누리고 본인만의 바탕지식을 함양해 가는 과정에서 '지식'을 대하는 태도에 대해서도 이야기해 보고 싶다.

위에서 언급한 대로 '해석'의 의미를 가지는 지식들의 본질이 가설이고 지구본에 불과하다 하더라도 어떤 지식이 기준 법칙에 있어 대단히 유익하고 수준이 높다면(무엇이 수준이 높은지에 대해서 직관적으로 알아차릴 수 있는 본인만의 판단의 수준을 높일 수 있다면 좋겠다. 나름의 판단 기준을 정립해보는 것도 좋을 것 같다) 당연히 그러한 지식은 적극적으로 공부하면서 이를 자신만의 관법을 형성해가는 데 활용하게 된다면 대단히 현명한 태도라고 본다.

반대로 기준법칙에 있어 전혀 도움이 되지 못하고 오히려 해롭다면 이러한 지식은 철저히 거리를 두는 것이 현명한 태도일 것이다.

그리고 사족이지만 주로 비정신적 측면의 대상과 현상을 다루는 과학적 지식이 정신적 측면을 다루는 지식에 대해 간섭하는 일은 자칫 범주오류가 될 수 있다고 본다.

과학은 그저 주로 관측기계를 통해 시각, 후각, 촉각, 미각, 청각과 같은 오감으로 관측 가능한 범위 내에서만 정신적 측면을 다룰 수 있기에 아무리 실험기법과 관측기계가 발달한다 한들 오감으로 측정이 어려운 부분에 대해서는 전혀 검증할 길이 없으므로 과학적 방법으로는 처음부터 정신적 측면을 온전히 다룰 수 없는 분명한 한계가 발생한다.

정신적 측면은 오감을 통해서라기보다는 오감을 초월한 일종의 '육감(편의상의 표현)'적 그리고 직관적·선험적으로 파악되고 접근되어지는 부분이라고 봐야 하며, '파조선'[6]이란 자천(自天)에서의 과정을 거치게 됨으로써 정신적 측면은 일상에서 물리적 사물을 대하듯 다룰 수 있게 된다. 따라서 과학은 정신적 측면을 다루는 지식 앞에서 자신의 분명한 한계를 염두하며 겸허할 필요가 있다7).

논의의 다양성을 존중하는 포스트 모던한 현재의 흐름으로부터 더 나아가 지식의 해탈을 통한 개인이 스스로의 주체적인 관법을 만들어 가면서 기준법칙에 유익한 자신만의 현명한 길을 의연히 가게 되는 '개인주체성'의 시대가 도래하면 좋지 않을까 한다.

사실 이 지식의 해탈은 『하늘공부』 1, 2, 3권을 읽던 중에 모티프를 얻어 만들게 된 것이며, 또한 일상철학의 주요 목적 중 하나가 '자천학(自天學)'을 널리 알리는 계기가 되었으면 하는 데 있다는 점을 굳이 숨기고 싶지는 않다.

물론 이것은 필자가 원해서 스스로 자발적으로 하는 것이니 오해 없으시길 바라며 만약 독자 여러분이 이 『하늘공부』 1, 2, 3 그리고 『제라울』 책을 통해 자천(自天)을 알게 된다면 그것은 그 자체로 큰 긍정적 사건이자 필자에게는 큰 기쁨이 되지 않을까 생각한다.

---

6) '파조선'에 대한 자세한 설명은 『하늘공부』 3권 참조.
7) 과학의 본질에 대한 더 자세한 내용은 『일상철학』 1권 '지식의 해탈' 챕터 참조.

추가설명

1. 바탕지식 내에서도 본인이 중시하는 관념, 지식일수록 본인의 세상을 바라보는 관점 그리고 판단 기준에 있어서 보다 큰 영향을 주게 된다고 볼 수 있습니다. 그리고 본인의 가치관에 부합하지 않는 관념, 지식 즉, 바탕지식에 해당되지 않는 단순한 '앎'으로서의 관념, 지식은 바탕지식이 아닌 상식적 지식으로 간주해 볼 수 있습니다.

2. 지식의 해탈 이론은 간략히 말해 관념, 지식과 본인의 세상을 바라보는 관점 및 판단 기준과의 상관관계를 다룬 하나의 이론으로서 굳이 이 이론에 얽매여 괴로워하시는 안타까운 경우는 없길 바랍니다.

식이장애에 대한 단상

　대부분의 경우 맛있는 음식을 먹는다는 것은 삶의 즐거움 중 하나로 간주될 수 있을 것이다. 하지만 음식을 먹는 행위가 오히려 괴로움의 원인이 되는 안타까운 경우도 있다. 이러한 경우를 식이장애라고도 하는데 거식증, 폭식증과 같은 증상들이 대표적일 것이다.

　식이장애의 경우는 대개가 그 시작이 정서적 측면이 원인이 되어 유발된 증상이라고 볼 수 있다. 정서적으로 안정된 사람의 경우는 결코 맛있는 음식을 먹는 행위를 괴로움의 원인으로 뒤엎을 가능성이 없다. 오직 다양한 원인으로 인해 정서적으로 불안정함을 느끼는 경우에만 그 불안정함에서 오는 긴장을 달래기 위해 폭식을 하거나 아예 음식을 거부하는 선택을 습관적으로 반복하면서 결과적으로 식이장애를 겪게 되는 것이다.

　식이장애를 겪는 사람이라면 본인이 최초로 지나친 폭식을 하게 되었던 순간이나 처음으로 강하게 음식을 거부하게 된 결정적 계기를 기억해낼 수 있을 것이다. 왜 최초의 그 순간 본인이 폭식 혹은 거식을 선택하게 되었는지 곰곰이 따져본다면 외모에 대한 지나친 콤플렉스와 날씬함에 대한 강박으로 인해 거식을 하게 되었다든지, 인간관계에서의 소외감 혹은 외로움을 달래기 위해 폭식을 하게 되었다든지 등의 다양한 계기가 있을 것이다.

그 계기가 최초의 폭식, 거식의 선택을 낳게 되었고 그 선택들이 주는 순간적인, 그러면서 결코 건강하지 못한 위로에 취해 정서적 불안정함을 느낄 때마다 건강하지 못한 위로를 도피처로 삼은 것이다. 이러한 패턴의 반복이 서서히 고착화되어 결과적으로 현재의 식이장애를 낳은 것이라고 볼 수 있다.

다시 정리해보자면 식이장애의 근본적 원인은 정서적인 불안정함을 느껴서이다. 그 불안정함을 유발한 원인 혹은 계기를 최초의 폭식, 거식을 했던 순간을 곰곰이 되짚어 봄으로써 발견해내어 이를 긍정적인 방향으로 승화시키는 노력을 한다면 점차적으로 정서적인 불안정함은 완화될 것이다. 그 불안정함이 완화됨에 따라 정서적 불안정함을 느낄 때마다 도피처로 삼았던 폭식, 거식이 주는 거짓된 위로의 유혹으로부터도 서서히 벗어날 수 있게 되지 않을까 생각한다.

여기서 중요한 부분은 바로 정서적인 불안정함을 유발한 원인 혹은 계기의 긍정적인 승화다. 이는 말과 글을 하나의 수단으로 활용해 봄으로써 긍정적 승화에 큰 도움을 얻을 수 있지 않을까. 가령 외모 콤플렉스가 원인이라면 '나는 매력적인 사람이다' 라고 하루에 1,000번 이상 되뇌거나 글로 써 보는 것은 어떨까. 이는 본인의 외모에 대한 부정적인 태도를 긍정적인 방향으로 되돌려놓는 데 큰 도움이 됨으로써 결과적으로 외모 콤플렉스로 인한 정서적인 불안정함을 완화하는 데에 큰 도움이 될 것으로 본다.

폭식, 거식의 주된 원인인 정서적인 불안정함이 완화된다면 당연히 폭식, 거식으로부터 비롯되는 병적인 위로의 유혹도 서서히 약화되어 이로부터 자유로울 수 있을 것이 분명하다. 본인의 폭식, 거식을 유발하는 정서적 불안정함의 원인을 긍정적인 방향으로 승화시키는 데 도움이 될 수 있도록 말과 글을 잘 활용해보면 좋을 것 같다[8].

반면 이 원인 혹은 계기의 긍정적인 승화 없이는 정서적 불안정함 또한 쉽사리 완화되지 않을 것이고 따라서 고착화된 폭식과 거식이 주는 병적인 위로의 유혹에서도 벗어나기가

---

8) 이러한 말과 글을 수단으로써 활용하는 측면은 『일상철학』 1권의 '말과 글의 올바른 활용에 대하여'에 자세히 적혀있으니 참고 바란다.

결코 쉽지 않을 것이다. 이러한 상황에서의 각종 처방 특히 약물치료 같은 부분은 마치 썩어가는 음식이 가득 담긴 항아리의 내부는 그대로 방치한 채 그 썩은 내를 없애려고 단지 항아리 위만 계속 향기 나는 종이를 반복적으로 갈아주는 상황과 크게 다르지 않다. 그 근본적 원인의 해결책을 도모하지 않는 상태에서의 각종 처방은 그 또한 순간적인 달래기 혹은 달콤한 위로에 지나지 않는 임시방편에 불과하다.

식이장애의 극복에 있어서는 반드시 그 근본적인 원인의 긍정적 승화에의 노력과 더불어 고착화된 폭식, 거식 패턴의 끈을 느슨하게 만들 미시적인 방편들이 도움이 될 것이다. 가령 폭식, 거식을 2주일간 하지 않을 경우 본인에게 멋진 상을 준다던지 혹은 매일 폭식, 거식 관련 일지를 적음으로써 어느 순간에 본인이 폭식, 거식의 유혹에 강하게 시달리는지 기록해가며 그러한 순간들로부터의 면역력을 기른다든지 하는 다양한 긍정적 시도들이 도움이 될 수 있을 것이다.

여기서 아직 언급하지 않은 가장 중요한 부분이 있다. 그것은 바로 '그럼에도 불구하고', '어떠한 비참한 상황에서도' 자신을 아끼고 사랑하고 보듬어주는 것이다.

긍정에 대한 현명한 태도

긍정은 분명 중요하다. 긍정적 태도가 강할수록 이는 본인의 일상의 흐름에도 긍정적인 영향을 미칠 수 있다[9]. 다만 이 긍정의 태도가 가져다주는 효용과 이로움에 취해 마냥 긍정하는 삶에서 그치고 안주해서는 큰 아쉬움이 있다. 이러한 행태는 본인의 기준법칙에 있어서도 큰 손해이자 안타까움이다.

긍정의 유익함을 알아차리고 이를 적극적으로 활용하는 것은 현명한 태도임이 분명하지만 여기에 머무르고 안주하는 순간 더 이상의 비약적 성숙은 기대할 수 없다. 긍정의 '알아차림'과 그 '활용'은 하나의 거쳐야 할 과정이자 성숙해져가는 과정에서 활용할 수 있는 하나의 유익한 방편으로 삼아야지, 긍정이 주는 안락함에 취해 여기에 머무르는 순간 이 생에

---

9) 이에 대한 자세한 내용은 『일상철학』 1권을 비롯한 이전의 글에서 이미 여러 번 언급했으니 이 글에서는 더는 언급하지 않도록 하겠다.

서의 지속적 성숙의 측면에 있어서 큰 아쉬움이 있다.

다시 한 번 말하지만 긍정은 하나의 거쳐 가는 과정임을 분명히 인지해야 한다. 긍정에 취해 머무르는 순간이 길어지면 길어질수록 그만큼 본인의 진정한 비약적 성숙의 측면에 있어서도 손해가 이만저만이 아니다.

'관심은 운명을 부른다'고 나는 들은 바 있다. 만약 이 글을 보는 분께서 단순한 호기심을 넘어 하고자 하는 욕망을 느낀다면 그것이야말로 본인의 기준법칙에 있어서도 대단히 큰 행운이 아닐까.

만약 이 글을 읽고 진정한 비약적 성숙 그리고 더 수준 높은 존재로 거듭나기를 원하시는 분께는 『하늘공부』 1, 2, 3권 그리고 『제라울』, 『땅인 사람』 1, 2권의 일독을 권해드린다.

강자의 억압적 힘의 행사에 맞서기 위하여

국제무대에서의 강자의 힘의 논리에 따른 억압이 존재하는 한 국내에서도 힘의 논리에 따른 억압 또한 자연스럽게 존속되게 된다. 국제무대에서의 이러한 힘의 질서는 이를 늘 현실에서 접하는 정치인들과 고위관료들 그리고 언론에 의한 보도에 따라 자연스럽게 국내에도 전파되어 하나의 무시할 수 없는 기준으로서 국내의 각 세력 간의 힘의 논리에 보이지 않는 영향을 미치게 된다. 국제무대에서의 이러한 힘의 논리는 국내에서의 강자가 힘의 우위를 행사하는 데 있어서도 하나의 '참고기준'으로서 힘의 행사가 좀 더 자연스럽게 행해질 수 있게 되는 것이다.

국제무대에서 강자의 힘의 논리의 억압적 행사는 약자의 역량 강화에의 노력과 억압에 맞서는 국제적 여론의 힘이 억압적 행사를 겉으로나마 더 정당한 명분과 당위성을 갖추려는 노력을 하게 만든다. 강자가 힘의 행사에 있어 더 정당한 명분과 당위성을 갖추려는 노력을 하는 과정에서 약자에 대한 존중과 인권이 자라날 수 있는 토양이 서서히 확보된다.

긍정적 여론과 약자의 역량 강화에의 노력으로 인해 강자의 억압적 힘의 행사가 겉으로 점점 더 교묘해질지라도 이러한 과정이 곧 역사적 진보의 과정으로도 너그러이 봐줄 수 있지 않을까 생각한다. 이 '더 교묘해짐'의 과정에서 형식적으로나마 약자에 대한 존중과 배려의 당위성이 성문적으로 제정되고 무분별한 힘의 행사를 견제하기 위한 형식적 절차들이 형성된다. 이 과정에서 약자는 당당히 본인의 권리를 주장하고 보장받을 수 있는 이론적 바탕이 마련되고 강자의 입장에서는 지켜야 할 형식적 절차들이 늘어남으로써 이러한 측면들은 곧 강자의 억압적 힘의 행사를 견제함에 있어서도 결코 무시할 수 없는 결과로 되돌아온다.

힘의 논리에 있어 약자에 대한 존중, 인권의 토양이 점점 더 넓게 확보되는 역사적 진보를 위한 긍정적 여론의 형성을 위해 언제나 시민의 부단한 공부와 성찰이 요구된다. 이는 곧 성숙한 시민으로서 하나의 의무이자 덕목으로도 봐야 하지 않을까 생각한다.

직관적 통찰과 상식적 지식, 직접적 체험에 대하여

직관적 통찰의 수준이 높아지면 본질적 측면에 대한 파악의 수준이 높아진다. 직접적인 체험과 더불어 독서를 통한 상식적 지식의 함양은 세부적 측면에 대한 파악의 수준을 높인다. 본질적 측면에 대한 파악과 세부적 측면에 대한 파악이 어우러져 안목의 수준이 결정된다고 본다.

(물론 직접적인 체험과 독서를 통한 상식적 지식의 함양은 본질적 측면에 대한 파악의 수준을 직접적으로 높이기도 한다. 하지만 상대적으로 봤을 때 직관적 통찰이 본질적 측면에 대한 파악의 수준에 있어 기여하는 바가 훨씬 크다고 보기에 이렇게 구분해 본 것이다.)

풍부한 경험과 상식적 지식의 함양을 통해 세부적 측면에 대한 파악의 수준이 높아지면 이는 곧 본질적 측면의 이해에 있어서도 긍정적 의미를 가진다.

나의 경우 현재 30대 초반의 나이인지라 직접적인 체험과 독서를 통한 상식적 지식 함양의 측면에서 봤을 때 다른 연령대에 비해 상대적으로 더 많은 체험과 상식적 지식의 함양이 요구된다고 볼 수 있다. 즉, 세부적 측면의 파악에 있어서는 상대적으로 아직 생소한 경우가 많을 수 있다. 하지만 자천(自天)을 하면서 계제가 높아짐에 따라 자연스런 파악의 수준, 직관적 통찰의 수준을 망라한 전반적인 지적인 수준이 덩달아 높아짐에 따라 이러한 부분에 있어서는 당당한 태도를 가진다.

따라서 『일상철학』은 빵을 두고 빵이라 말하고 밥을 밥이라 말하는 내가 파악한 본질적 측면에 대한 이해를 내가 알고 있는 세부적 측면과 버무려 글로 써내려간 것이며 글을 쓸 당시의 사유의 흔적이라 봐야 한다.

빵을 두고 빵이라고 말할 때에 빵에도 수백 가지 종류가 있을 것이다. 그 수백 가지 종류의 모든 빵의 맛과 풍미, 조리법, 그 빵들이 만들어진 과정, 그 빵들의 역사(세부적 측면들)는 모두 다 자세히 파악하지 못할 수는 있어도 '빵은 밥과는 다르며 빵은 빵이다' 라는 본질적 측면에 대해서는 직관적 통찰로써 알고 있다. '빵은 빵이다' 라고 본질적 측면에 대해 파악한 부분들을 내가 알고 있는 세부적 측면들과 버무려 글로 쓰는 것이다.

물론 과거에 쓴 글은 그 글을 쓴 당시의 사유의 흔적이라 현재로서는 당연히 과거의 글에 집착하지 않고 항상 내 관법을 보완할 필요성을 느끼면 그 필요성을 느낌에 따라 더 수준 높은 방향으로 끊임없이 관법을 보완해간다.

『일상철학』 1권보다는 2권이 긍정적 의미와 유익함에 있어 더 수준이 높아져야 하고, 2권보다는 3권이 더 수준 높아지기 위해 노력함은 당연하다. 그러기 위해 나는 꾸준히 독서를 하며 항상 더 성숙해지려는 노력을 게을리하지 않을 것이다.

사회적 품격을 위한 먹고사니즘의 충족

관심이 이해를 낳고 이해가 존중을 낳는다. 관심은 여유의 토양에서 무럭무럭 자라나며, 여유의 토양을 비옥하게 하는 기본 조건은 일정 수준의 의식주를 포함한 '먹고사니즘'의 해결이다.

궁핍함을 벗어나 품위가 손상되지 않을 정도의 먹고사니즘이 충족되면 대부분의 경우 가끔이나마 주위를 한번 둘러보고 이해하며 존중할 수 있는 기본적인 여유를 누릴 수 있게 된다고 본다. 물론 일정 수준의 윤택함에 만족 못하고 끊임없이 더 많은 먹고사니즘을 추구하느라 스스로를 괴롭히는 늘 삶이 팍팍한 예외적인 경우를 제외하고는 그러할 것이다.

물론 경제적 궁핍을 겪을지라도 외부에 대한 지속적인 관심과 이해를 게을리하지 않는 여유를 누리는 고귀한 소수의 경우도 당연히 존재한다. 허나 일반적으로 봤을 때 기본적인 먹고사니즘이 일정 수준 해결되어야 이러한 여유가 좀 더 자연스럽게 자라날 수 있다.

더 많은 사람들이 궁핍함을 벗어나 일정 수준의 윤택한 삶을 누리게 된다면 그만큼 세심한 이해가 필요한 약자와 타자에 대한 존중의 평균적 수준이 자연스레 높아질 것이다. 한 개인이 누리게 되는 여유는 자연스러운 관심과 이해를 낳을 수 있음과 동시에 개인의 성찰 수준도 덩달아 높일 수 있기 때문이다.

개개인의 관심과 이해와 성찰의 수준에서 시민의 성숙도가 결정되고, 시민의 성숙도가 높을수록 사회 내의 약자와 타자는 당연히 존중받는 수준이 높아질 것이며, 그들이 얼마나 존중받는지에 따라 그 나라의 품격이 정해진다고 본다. 사회적 약자와 타자가 세심하게 존중받는 나라와 그렇지 않는 나라를 한번 비교해보면 이 부분은 너무나 분명한 사실임을 잘 알 수 있다.

나라의 품격을 높이기 위해서라도 보다 많은 사람들이 일정 수준의 먹고사니즘의 충족을 이룰 수 있는 사회가 되어야 한다.

만약 점점 더 많은 사람들이 궁핍함 근처에 허덕이는 방향으로 사회가 흘러가게 된다면 그만큼 먹고사니즘이 저항할 수 없는 거대하고도 강력한 사회적 구호가 되어 먹고사니즘을 위한 처절한 투쟁이 시작될 것이다. 이러한 투쟁 중에는 당연히 여유는 찾아보기 힘들고 먹고사니즘에 직접적인 관련이 없는 외부에 대한 관심은 불필요함으로 치부된다. 동시에 먹고사니즘을 위한 명분으로 세심한 이해가 필요한 약자와 타자는 더욱 쉽게 차별받고 소외당할 가능성이 높다. 그들의 존중받는 수준은 보다 많은 사람들의 경제적 수준에 비례하게 되는 것이다.

역사적으로 보면 한 사회의 대다수 사람들의 경제적 수준이 악화되면 악화될수록 '극우주의'와 같은 타자와 약자에 대한 적대적인 흐름이 득세했음을 잘 알 수 있다. 시민의 성숙도를 높이고 사회의 품격을 높여가는 역사적인 진보를 위해 우리는 사회의 흐름이 보다 많은 사람들이 일정 수준의 먹고사니즘을 충족시킬 수 있는 방향으로 잘 흘러가고 있는지 늘 주시해야 할 시민적 의무가 있다.

평균적 고뇌 수치

    고뇌와 흥분을 수치화하여 '평균적 고뇌 수치'란 개념을 만들어보면 어떨까.

    평균적 고뇌 수치란 현재 평균적으로 느끼는 고뇌의 수치에서 흥분의 수치를 차감한 개념이라고 볼 수 있다.

    여기 고뇌의 수치가 더 많아서 이 수치가 양의 값(+)인 A와 그 반대의 음의 값(-)인 B의 경우가 있다고 하자. 일상에서 늘 +30이란 평균적 고뇌 수치를 느끼며 사는 사람 A는 고뇌에 익숙해 있다. 이 수치가 30 이상 깊어질 때면 그만큼 괴롭고 힘들지만, 고뇌에 익숙해 있기에 그저 더 깊어진 고뇌를 의연히 견뎌낼 뿐이다.

    어느 날 이 수치가 다시 평균적인 30으로 회귀하게 된다면 여전히 30이란 평균적 고뇌를 견디고 있음에도 불구하고 그 고뇌의 익숙함 속에서 내밀한 기쁨이 생긴다. 이 내밀한 기쁨은 늘 꾸준한 고뇌를 견디며 사는 이만이 맛볼 수 있는 진중한 만족감이다. 만약 여기에 우호적인 사건의 발생까지 더해져 수치가 30 이하로 감소하게 된다면 수치가 감소한 만큼의 기쁨과 함께 삶에 대한 긍정적 의욕이 자라난다.

반면 고뇌와는 거리가 있으며 늘 어딘가 들떠있는 B는 오히려 −30 정도의 꾸준한 평균적 고뇌 수치를 느끼며 살아간다. B는 일상에서 비우호적인 사건이 발생할 때에만 일시적이면서 예외적으로 고뇌를 견디게 되는지라 그만큼 상대적으로 A보다는 고뇌에 익숙하지 않다. 따라서 B는 즐거운 경험을 통해 수치가 −30을 넘어설 때에 음의 값이 커진 만큼의 기쁨을 맛보지만 그 반대의 경우 체감으로 느끼는 상대적 고통과 괴로움은 A보다 훨씬 더 클 가능성이 있다.

B는 수치를 유지하고 그 이상(평균적 고뇌 수치의 음의 값이 더 커지는 것을 의미한다. B의 경우 평균적 고뇌 수치가 대개 음의 값을 유지함에 따라 즐거움에 대한 관성이자 즐거움을 추구하려는 경향성이 상대적으로 A보다 더 강하다고 볼 수 있다. 즐거움을 계속 누리는 자가 상대적으로 그렇지 않은 경우보다 더 많은 즐거움을 지속적으로 더 강하게 추구하려는 경향성과 관성의 측면을 보일 수 있다.)을 경험하기 위해 늘 더 높은 자극점의 즐거움을 좇으려 함에 따라 수치는 −40, −50을 넘어서기도 하지만 음의 값이 높아지면 높아질수록 그 이상의 흥분을 지속적으로 제공해줄 수 있는 즐거운 사건들

은 그에 반비례하여 점점 줄어듦을 깨닫게 된다.

점점 높아져가는 음의 값 그 이상을 충족시켜줄 수 있는 즐거운 일들이 점차 줄어듦에 따라 B의 수치는 다시 원래의 평균적 수준인 −30으로 회귀하게 된다. 수치가 본래의 평균적인 수치인 −30으로 회귀하는 과정에서 본인이 즐겼던 많은 즐거운 경험들에 대한 권태감이 서서히 싹틀 가능성이 있으며 이와 동시에 삶에 대한 지루함, 우울함이 증가할 가능성이 있다.

수치가 −30으로 회귀했다가 다시 즐거운 경험들을 추구하며 일시적으로 −30 이상으로 높아지다가 그 수치 이상의 흥분을 지속적으로 제공해줄 수 있는 즐거운 일이 줄어드는 현상에 또다시 부닥치게 된다. 이는 곧 평균 수치 −30으로 회귀함을 낳는 과정의 반복 횟수가 늘어날수록 본인이 즐겨왔던 많은 것들에 대한 권태감을 넘어 염증을 느낄 가능성이 있으며, 늘 '삶은 별거 없는 지루함과 시시함투성일 뿐'이라는 푸념을 해대면서도 한편으로는 본인의 음의 값을 심각하게 위협할 수 있는 예측 불가능한 비우호적 사건의 출현을 늘 두려워하며 경계할지도 모른다. B는 고뇌에 익숙하지 않고 늘 평균적인 흥분 속에 살아가는 존재이기 때문이다.

고뇌를 모르고 사는 일상은 겉으론 달콤해 보일지 모르나 그 달콤함의 오랜 지속은 결국 그 존재와 존재의 삶을 한없이 가벼이 만들고 말 가능성이 있다. 추구하는 이상 없이 맹목적으로 즐거움만을 좇는 삶의 행태는 고뇌와는 거리가 먼 즐거움을 향해 달려드는 부나방과 같이 한없이 가벼운 존재를 양산해낼 가능성이 있다. 반면 본인만의 뚜렷한 이상을 좇는 자는 그 이상이 높고 아름다울수록 그에 비례하여 고뇌가 점점 더 깊어짐과 동시에 존재는 더 성숙하고 더 아름다워지는 것이 아닐까.

현실과 이상

  현재의 현실은 대부분 과거의 이상이었고 과거의 이상은
그 당시에는 대개 순진무구함 혹은 비현실적인 불가능함이
었다.

  순진무구함 혹은 불가능함이라는 비난에도 불구하고 '무엇
이 더 나은 것인가', '무엇이 더 성숙한 방향인가'를 진지하게
고민한 소수 사람들의 결단에 의해 결국 과거의 이상들은 점
차 현실화됨으로써 현대인들은 과거보다 더 발전된 현재의
삶의 조건들을 마치 당연한 듯 누리며 살고 있다.

  현재에도 여전히 '더 나아짐'을 품고 있는 이상들이 있으며
이는 과거에도 그랬듯이 대부분의 경우 많은 사람들에 의해
순진무구함 혹은 비현실적이라는 이름의 천막에 가려져 있
다. 이 이상들은 그 천막을 과감히 벗겨내는 결단을 내려줄 소
수의 성숙하고도 용기 있는 사람들을 기다리고 있다.

  이 소수 사람들의 결단에서 미래 또한 '더 나아짐'을 마치

당연한 듯이 확보하게 될 것이다.

　언제나 그러한 소수는 있었다. 다만 그러한 소수가 되는 것은 '누구나 할 수 있지만 아무나 할 수 없다'는 그 흔한 문장이 말해주듯 '무엇이 더 나은 것이며 무엇이 더 성숙한 방향인가'에 대한 진지한 고민과 그 고민 끝에 용기 있는 결단을 내릴 수 있는 사람이지 않을까 생각한다.

연속적 선택과 이미지

존재 A가 있다. A는 기준법칙에 긍정적 기여를 하는 멋진 존재가 되기로 결단을 내리고 그러한 방향성에 부합하는 연속적인 선택을 한다. 그 연속적 선택의 과정에서 A는 더 성숙해져가며 고뇌가 깊어지지만, 이러한 연속적 선택의 과정에서 A는 기준법칙에 긍정적 기여를 한다는 긍정적인 '상징'과 '이미지'를 자연스럽게 구축하게 된다.

때로는 연속적인 선택과는 다른 불연속성에 해당되는 일시적인 선택으로 인해 긍정적 이미지와 상징에의 위협이 존재할 가능성도 있지만, A는 본인의 긍정적 방향성에 대한 강한 확신과 이미 확고한 결단을 내렸기에 의연하고 지속적인 연속적 선택으로써 그의 이미지와 상징은 더욱 긍정적으로 강화된다.

어떤 존재의 특정한 이미지와 상징이 강해질수록 사람들은 그 이미지와 상징을 통해 느껴지는 대로 대개 복잡한 검토와 이해를 건너뛰고 그 존재를 대하기 쉽다. A가 연속적인 선택을 거듭할수록 긍정적 이미지와 상징은 더욱 강해지고, 그 긍정적 이미지와 상징에 대한 감응으로써 사람들은 의식적 노력의 발로가 아닌 자연스런 반응으로 A를 호의적으로 대하게 될 가능성이 높다(물론 개인적인 입장이나 노선, 이해관계의 차이로 인한 호불호라든지, A가 기분이 몹시 불쾌하거나 불편함을 느끼는 상황에서 그와 마주쳤다든지, A의 외모에 대한 개인적 취향 혹은 편견과 같은 측면들은 논외로 한다).

삶의 긍정적 방향성에의 결단과 그에 부합하는 긍정적인 연속적 선택을 통해 자연스럽게 긍정적 이미지와 상징이 구축되고 이러한 긍정적 이미지와 상징에 대한 감응으로써의 사람들의 호의적인 태도는 결국 본인이 추구하고자 하는 삶의 긍정적 방향성에 있어서도 긍정적인 측면으로 되돌아온다고 볼 수 있다.

이러한 긍정적 선순환은 '왜 삶의 올바른 방향성에 대해 고민하고 이에 대한 결단을 내려야 하는가'에 대한 또 하나의 대답이 될 수 있을 것이다.

(단, 이러한 상징과 이미지의 효과만을 염두하여 교묘한 꼼수를 통해 위장된 상징과 이미지를 구축하여 이러한 측면을 악용하는 경우도 분명히 있을 수 있다. 허나 그러한 측면의 경우에도 언제나 그러한 꼼수를 펴는 자의 연속된 행위의 진정

한 음험한 의도를 파악하는 존재는 항상 있으니 굳이 이러한 측면에 대해 깊은 우려를 할 필요는 없을 듯하다.)

짜증에 대한 단상

    늘 짜증을 유발할 수 있는 비우호적 사건들을 일상에서 흔하게 접하는 A가 있다. A는 늘 짜증스런 일에 익숙해 있으며 여기서 추가로 더 짜증을 유발하는 사건이 발생해도 대부분 그러려니 하며 견뎌낸다.

    어느 날 A의 일상에도 서서히 순조로움을 느끼게 만드는 우호적인 사건들이 연속적으로 발생하기 시작한다. 이러한 나날이 지속되자 A는 어느덧 짜증스러움이 가득했던 과거의 일상으로부터 점점 벗어나 이 순조로움을 상수로서 즐기기 시작한다.

    이 순조로움이 차츰 상수가 되어버린 어느 날, A의 일상에서 전혀 안중에도 없었던 아주 의외의 사소한 비우호적 사건이 발생하기 시작했다. A의 입장에서는 이미 순조로움은 하나의 상수로서 슬슬 즐기고 있던 터라 이 사소한 사건이 여간 짜증스럽게 느껴지는 게 아니다. 짜증이 상수였던 과거였더라면 그저 그러려니 하고 연연하지 않았을 법한 사소한 사건임에도 순조로운 현재로서는 두고두고 그 사소한 사건이 떠오르며 A를 괴롭히는 것이다.

과거에 짜증이 상수였던 때는 큰 고뇌를 일으킬만한 비교적 심각한 비우호적 사건만이 두고두고 A를 괴롭혔고 사소한 비우호적 사건은 그저 시간이 조금만 지나면 안중에도 없었지만, 순조로움이 상수가 된 현재에는 아주 사소할수록 그리고 그것이 안중에도 없었던 일일수록 두고두고 A를 괴롭히며 짜증을 유발할 가능성이 있다.

(만약 사소하지 않은 사건이라면 처음엔 짜증이 나다가도 금세 침착함을 유지하려 노력할 가능성이 높다. 하지만 전혀 안중에도 없었던 사소한 사건의 경우 예측할 수 없었기에 황당하면서도 사소하면 사소할수록 사소하기에 침착함을 유지하려 하기보다는 방심하기 쉽게 되면서 체감적으로 짜증이 점점 커져 갈 가능성이 있는 것이다.)

짜증은 일상이 순조로울수록 더욱 예리하게 다가오기에 순조롭다 해서 마냥 들뜨기보다는 차분함과 담담한 태도가 짜증을 견딤에 있어서도 현명한 태도가 아닐까.

군림하는 상징

케이크를 전문적으로 파는 카페가 있다. 이 카페를 운영하는 A는 본인이 파는 케이크가 하나의 고귀하고도 특별한 가치를 지니길 원한다. A는 여러 궁리를 한 끝에 다음과 같은 전략을 실행하기로 한다.

첫째, 케이크의 품질과 맛을 지속적으로 발전시킨다. 본인의 케이크를 아예 안 먹어본 사람은 있어도 한 번만 먹은 사람은 없도록.

둘째, Take-out을 없애고 엄격한 가입조건의 소수의 멤버십 회원만이 케이크를 맛볼 수 있도록 한다. 멤버십 회원권을 타인에게 양도하거나 판매하는 것은 금지되어 있다. 아주 유명한 외부인의 경우에 한해서만 예외적으로 기존의 멤버십 회원과의 동반하에 케이크를 맛볼 수 있게 한다.

셋째, 케이크는 오직 가게 내의 많지 않은 사생활이 잘 보장되는 각 방의 테이블에서만 먹을 수 있되 반드시 사전예약을 해야만 한다. 한 사람당 최대 2개의 케이크만이 허용되며 외부로의 포장은 허용되지 않는다. 당일 아침에 생산된 한정된 생산량이 모두 판매되면 그 즉시 예약손님에게 양해를 구하고 그날 영업은 종료한다. 만일 이에 대해 불평하는 자가 있으면 그 즉시 경고를 받게 되며 경고가 3회 이상 누적 시 멤버십에서 강제로 퇴출당하게 된다. 멤버가 퇴출당했을 때에만 기존의 멤버십 회원의 추천과 엄격한 심사를 통해 새로운 멤버가 영입될 수 있다.

넷째, 가게 내의 인테리어는 매우 사치스러우면서도 고급스럽고, 식기는 세련되면서도 불편하게 디자인되어 한 번에 아주 조금씩 천천히 케이크를 음미할 수밖에 없게 되어있다.

이러한 조건들을 고안해낸 후 사회 각 분야의 명사들에게 은밀히 본인의 카페에 선착순으로 가입할 수 있는 초대권을 발송한다.

인위적으로 희소성의 가치를 극대화시키는 이 카페의 정책 앞에 많은 명사들은 앞다투어 멤버십에 가입한다. 그 후 몇몇 인사들이 이 카페의 멤버십을 타인에게 몰래 양도 혹은 판매하려다 적발되자 곧바로 멤버십에서 강제로 탈퇴당하는 수모를 겪기도 하면서 이 카페는 가십난에 오르내리는 유명세를 타게 된다.

이제 A의 가게는 도시를 대표하는 가게 중 하나이자 관광

객이라면 꼭 가게 앞에서 사진을 찍어야 하는 명소가 되었으며, A의 케이크는 명품업체와 제휴를 맺고 아주 고가의 한정판 티셔츠에 케이크의 이미지가 프린트되어 나오기도 하는 등 케이크를 좋아하는 사람뿐만 아니라 디저트를 별로 즐기지 않는 사람들까지도 A의 케이크는 꼭 한번 먹어보고 싶은 동경의 대상이자 하나의 '군림하는 상징'이 된 것이다.

'누구나 먹어보고 싶게 만들면서도 아무나 먹을 수 없게 교묘한 성벽을 장치하는 전략'을 통해 A는 케이크를 매개로 한 하나의 군림하는 상징을 만드는 데 성공하게 되었다. 그 어떤 오만한 명사조차도 그의 케이크를 먹기 위해서는 한없이 양순해질 수도 있는 그런 군림하는 상징을 말이다.

'누구나 누리고 싶게 만들면서 동시에 아무나 누릴 수 없게 교묘한 성벽을 치는' 이러한 전략을 통해 군림하는 상징을 양산하는 게 과연 A의 케이크뿐이겠는가?

수많은 군림하는 상징 앞에 나약해지기 전에 그 군림하는 상징들이 어떻게 그러한 상징을 가지게 되었는지 그 이면의 과정들을 파악해보고, '왜 그 케이크가 먹고 싶어지는 걸까?' 하고 반문해 본다면 군림하는 상징에 대한 맹목성으로부터 자유로워지는 데 도움이 되지 않을까.

'숙면'이란 '사건'에 대하여

A는 지난밤 숙면을 취했다. A는 이를 그저 대수롭지 않게 여기지만 지난밤 A의 숙면은 수많은 우호적인 조건들이 도와주었기에 가능했던, 실은 엄청난 사건으로도 간주해볼 수 있다.

그의 숙면을 위하여 지난밤 옆집 아기는 일찍 잠에 들어 울지 않았고, 윗집에 사는 이웃은 TV 소리를 줄였으며, 동네 젊은이들은 술에 취했으나 조용히 귀가를 해주었고, A의 집 주변을 늘 서성거리던 길고양이들조차도 어젯밤에는 울음을 참아 주었고, 모기도 어젯밤에는 다행히 허기가 지지 않았다. A의 친한 지인들 또한 지난밤에는 술 생각이 나지 않았던 터라 그에게 따로 연락을 하지 않았고, 어젯밤 그의 집 안 온도 또한 숙면을 취하기에 적당함이 유지되었으며, 평소에 그를 괴롭히던 소소한 문젯거리들이 다행히 어젯밤에는 딱히 떠오르지 않았다.

이외에도 A의 지난밤 숙면에 기여한 아직 찾아내지 못한 우호적인 조건들이 더 많이 있을 것이다. 그저 일상적으로 흔해서 별다른 감흥이 없을지도 모르는 숙면조차도 그 이면을 자세히 본다면 그것은 하나의 무시할 수 없는 사건임을 알 수 있다.

돈에 끌려다니는 경우

돈을 최대한 많이 벌고 싶은 A가 있다. A가 돈을 많이 벌고 싶은 이유는 이 사회에서 돈이 많은 사람이 주로 성공한 사람으로서 인정받고 우월감을 느끼며 산다는 사실을 어려서부터 어렴풋이 알아차렸기 때문이고, 주위의 많은 사람들도 당연하다는 듯 더 많은 돈을 추구하는 데에 초점이 맞춰진 듯한 삶의 태도를 보이고 있기에 이러한 '암묵적 믿음체계10)' 에 따라 A에게 있어서도 돈을 버는 것은 가장 중요한 목표이자 그 자체가 곧 삶의 방향성이 된 것이다.

따라서 A의 가장 중요한 목표의 추구에 있어 그 성취가 뚜렷할수록 즉, 통장 잔고에 돈이 쌓여갈수록 주위 사람들의 기대와 부러움이 담긴 시선을 느끼며 A의 뿌듯함과 당당함은 커져만 간다. A의 돈에의 진지하고도 강한 열망은 끈기와 노

10) 『일상철학』 1권 참조.

력을 낳았고 다행히 운도 따라주어 이를 바탕으로 A는 많은 돈을 축적하기 시작한다.

악착같이 허리띠를 졸라매어 처음 1년간 1,000만 원을 모은 뒤 주식에 투자해 재미를 보며 5년 뒤엔 어느새 1억을 모으게 되었고, 1억을 종잣돈 삼아 본격적인 경매와 부동산 투자를 겸한 결과 요행히 1억은 10억이 되고 이 10억이 금세 50억으로 불어나는 쾌거를 맛보게 되었다.

사실 1억을 모을 때까지 1억은 단지 A를 수식하는 수많은 수식어 중 하나에 불과했었다. 어딜 가도 A는 그를 연상시키는 수많은 수식어(가령 장기를 잘 두는 사람, 말술을 자랑하는 사람 등)가 다양하게 연상되는 A로 대접을 받았고, 1억은 그냥 A를 설명하는 수식어들 중 하나에 불과했던 것이다.

하지만 그의 자산이 10억이 넘어서자 이야기가 달라지기 시작했다. A는 어딜 가도 수많은 수식어가 연상되는 A가 아닌 오직 '10억을 가진 A'로 여겨지기 시작했고, A에게 있어 10억은 A를 설명하는 수많은 수식어 중 하나가 아니라 10억을 가진 A 즉, A를 떠올렸을 때 연상되는 가장 중요한 부분이자 A라는 사람의 정체성을(A가 가진 다채로운 수식어들이 아닌) 그가 가진 10억이 홀로 드러내주는 순간이 점점 늘어나기 시작한 것이다.

처음에는 10억이 넘는 자산가로 대접받고 인정받는 듯해 A

는 우쭐해했지만 시간이 지나자 자신에게 다가오는 사람들의 친절함 뒤의 진정한 의도는 본인에게 있는 것이 아닌 그가 가진 10억이 넘는 자산에 주로 초점이 맞춰졌다는 것을 점점 더 자주 알아차리게 되면서 그는 진정한 고독을 맛보기 시작했다. 그에게 가까이 다가오는 사람들은 A라는 존재로부터 호감을 느껴 친절하게 대한 것보다는 주로 그가 가진 10억의 냄새를 맡고 호감을 느끼게 되는 경우가 더 많아지게 된 것이다.

A는 자신이 가진 10억으로 인해 진정한 자신의 존재가 소외당하는 듯한 느낌이 드는 상황 앞에 씁쓸함을 감추지 못한다. 게다가 그가 자유롭게 무언가 하고자 함에 있어서도 돈은 제1의 고려대상이 되어버렸다. 즉, 자신이 하고자 하는 바를 위해 돈이 자연스레 따르게 되는 것이 아니라 본인이 가진 부에 의해 주로 수동적으로 따라가는 삶을 살게 된 것이다.

자산이 10억이 넘는 순간 어딜 가든 '10억이 넘는 자산을 가진 A'로 불리며 자신의 정체성을 주로 대변해주는 돈에 대해 점점 불안감이 커져만 가는 터라 본인의 선택에 있어서도 금전적 이해관계로부터 자유로운 능동적 선택은 점점 줄어들었다. 반면 부를 유지하고 늘리는 데 가급적 피해가 발생하지 않으면서도 최소한 어느 정도라도 부의 유지와 축적에 도움이 될 수 있는 방향에 놓인 선택들 즉, 부에 의한 수동적 선택만이 점점 고려대상이 되어가는 것이다.

'10억이 넘는 자산을 가진 A' 라는 본인의 화려한 겉모습과는 달리 본인이 가진 자산의 냄새를 맡고 접근해오는 수많은 친절함 앞에 늘 웃으며 경계를 소홀히 할 수 없는 그 이면의 고독과 씁쓸함, 그리고 위에서 언급한 일종의 '소외현상' 을 달래려 A는 점점 사치와 향락에 빠지기 시작한다.

게다가 자산이 10억을 넘어선 순간부터는 부의 축적의 성취감보다는 그저 본인보다 훨씬 더 부유한 자들에 대한 열등감, 그리고 그 열등감의 발현인 부의 과시를 통해 본인의 존재의미 재확인 및 인정욕구 충족의 동기로서 더 많은 부를 추구하고 싶어 한다는 부의 축적이란 명제의 본질인 '수단적 성격' 을 알아차린 본인의 모습을 발견하게 된다.

A는 애초에 돈을 많이 버는 것 그 자체를 가장 중요한 삶의 목적으로 정했지만 10억을 모으고 나서야 비로소 돈을 모으는 것은 결코 목적이 될 수 없는 하나의 수단에 불과함을 알아차린 것이다. '무엇을 위한 부의 축적인가' 가 명확하지 않은 상황에서는 A의 경우처럼 맹목적으로 돈을 모으다 어느새 공허함과 씁쓸함에 방황하면서 결국 향락과 사치에 탐닉하며 인생을 허비할 가능성을 배제할 수 없다.

만약 A가 애초에 '돈을 많이 버는 것' 이란 명제의 수단적 성격을 알아차리고 기준법칙에 유익한 바람직한 이상을 삶의 방향성으로 설정하였더라면 훨씬 더 멋지고 아름다운 결말이 되었을 것이다.

기준법칙에 유익한 본인만의 멋진 이상을 삶의 방향성으로 추구하면서 본인뿐만 아니라 다른 존재도 자연스레 그 이로움을 누리게 되고 그것이 결국 본인의 삶의 만족도에 있어서도 큰 긍정적 의미가 있게 되는, 훗날 되돌아보았을 때 결코 후회 없는 뿌듯한 삶을 살게 되는 것이다. 돈은 그 이상을 추구하는 데 있어 적당하고도 윤택한 정도의 수준을 추구하며, 돈을 추구하되 집착하지는 않는 존재의 아름다운 모습을 함께 보이면서 말이다.

바람직한 이상을 삶의 방향성으로 추구하는 A의 경우에는 그 이상을 추구하는 과정에서 자연스럽게 따라붙는 아름다운 수식어들이 그를 연상케 할 것이며, 앞의 경우처럼 '10억을 가진 A'와 같은 소유한 돈이 정체성을 규정짓는 황량하고도 안타까운 경우는 결코 발생하지 않을 것이다.

'그 무엇'

아주 잘생긴 남자 A가 있다. A가 길거리를 지나다니면 10명 중 9명은 A를 다시 되돌아보게 되는 아주 잘생긴 남자다. 이 A의 잘생긴 외모에 반해 그에게 이성적 호감을 느끼는 여성은 많다.

어느 날 A의 잘생긴 외모에 반한 한 여성이 A의 외모를 그대로 본뜬 잘생긴 전신 조각상을 제작하였다. 이 잘생긴 전신 조각상은 A의 외모가 갖추고 있는 잘생김의 조건을 외형적으로 모두 갖추었으나 그 조각상을 보고 반하는 이는 없다. '아, 미학적으로 정말 잘생겼다' 고 감탄할지언정 이 조각상에게 설렘을 느끼며 다시 되돌아보는 경우는 거의 없다('거의' 라고 말한 이유는 혹시나 조각상에 사랑의 감정을 느끼는 매우 독특한 취향을 가진 경우도 드물지만 존재할 수도 있지 않을까 해서다). A의 외모를 그대로 본뜬 A의 외적 조건을 모두 갖춘 전신 조각상이지만 그 전신 조각상에는 '그 무엇' 이 없기 때문에 그 외적 아름다움에 순간적으로 감탄할지언정 설렘은 느낄 수 없다.

아주 맛있는 피자를 손수 만들어서 파는 B의 가게가 있다. 어느 날 B는 늘 넘쳐나는 주문 수량을 따라잡지 못하는 본인의 피자 생산량 앞에 고민하다 한 가지 방법을 떠올리게 되었다. 근처 식품공장과 제휴를 맺고 본인이 손수 만드는 피자의 조리법과 재료를 그대로 반영하여 단지 공장의 생산라인을 통해서 피자를 대량으로 생산해 내기로 한 것이다. 예전과 차이가 있다면 단지 B가 손수 피자를 만들지 않는다는 것뿐이었다.

하지만 시간이 지나자 같은 재료, 같은 조리과정이라는 동일한 외적 조건을 갖추었음에도 B의 피자 맛이 더는 예전 같지 않고 무언가 밋밋해졌다는 말들이 슬슬 나오기 시작하면서 B의 가게를 찾는 손님의 수는 현저히 줄어들기 시작했다.

피자를 만드는 과정에 있어 겉으로 봤을 때의 외적 조건은 예전과 동일하나 맛에는 분명한 차이가 발생한 것이다. B가 손수 피자를 만드는 경우 자연스럽게 존재하던 것이 동일한 재료와 조리법에 의해 공장에서 생산되는 경우에는 존재하지 않는다. 위 조각상의 경우처럼 공장에서 생산한 피자에는 '그 무엇' 이 결여되었기 때문이다.

잘생긴 A의 외모를 그대로 본뜬 전신 조각상의 경우와 맛있는 B의 피자의 재료와 조리법을 그대로 반영하여 공장에서 생산한 피자의 경우에는 둘 다 '그 무엇'이 없다. '그 무엇'이 느껴지지 않는 조각상과 피자 앞에서는 그 아무리 외적 조건을 충분히 갖추었다 한들 결코 설렘이나 어떤 벅찬 감동을 기대할 수 없다. 단지 무언가 아쉬움에 쉽게 공허함을 느끼게 되는 것이다.

만약 누군가가 '그 무엇'이 도대체 무엇이냐고 묻는다면 그저 '자연스럽게 직관적·선험적으로 접근하는 것이 현명하지 않을까요'라고 수줍게 대답하게 되지 않을까.

여기서는 무엇이 더 세련된 것인가요

외부로부터 '나는 어떻게 보이는가'에 대한 관심은 시공을 초월한 인간의 보편적 자연스러움이라 볼 수 있다.

이 보편적이면서도 자연스러운 관심으로 인해 인간은 기왕이면 '더 세련되게, 더 우월하게 보이고 싶다'는 자연스런 욕망을 가지게 된다. 무엇이 더 세련되고 더 우월함을 의미하는지는 그 개인이 머무는 장소가 어딘가에 따라 제각각 다를 것이다.

좀 더 구체적으로 말하자면 한 개인이 머무는 그 장소에 형성된 암묵적 믿음체계에 따라 달라지는 것이다. 어떤 장소의 암묵적 믿음체계가 주로 돈이 많고 지위가 높기만 하면 더 멋지고 더 세련됨을 자연스럽게 보장한다는 방향으로 형성되어 있다면, 그 장소에 속한 개인은 그러한 암묵적 믿음체계에 따라 자연스럽게 그저 더 많은 돈과 더 높은 지위를 맹목적으로 추구하는 삶을 살게 될 것이다. 그렇게 사는 것이 그 개인이 머무는 장소의 암묵적 믿음체계에 의해 보다 자연스럽고 당연한 삶의 방식으로 인식될 수 있기 때문이다.

반면 어떤 장소의 암묵적 믿음체계의 경우엔 돈과 지위와 같은 외부적 조건보다는 상대적으로 개인의 문화적 소양과 지적인 측면의 수준이 얼마나 높은가에 따라 주로 더 세련됨과 더 우월함을 보장하는 방향으로 형성되어 있다면, 그 장소에 머무는 개인은 자연스럽게 전자의 경우처럼 돈과 같은 외부적 조건만을 맹목적으로 추구하는 삶의 태도를 조롱하며 본인의 교양과 지적수준을 높이기 위한 부단한 공부와 성찰을 게을리하지 않는 삶의 태도를 보이게 될 것이다.

물론 본인만의 확고한 방향성이 정립이 된 경우에는 어느 장소에 머물든 간에 그 장소의 암묵적 믿음체계에 얽매이지 않으며 자신의 길을 의연히 가게 되지만, 아직 본인만의 뚜렷한 삶의 방향성이 정립되지 않은 경우라면 이러한 암묵적 믿음체계를 의식하는 순간 선택의 기로에 놓이게 될 것이다. 계속 이렇게 느껴지는 대로 암묵적 믿음체계에 순응하는 삶을 살 것인가 아니면 이러한 암묵적 믿음체계에 얽매이지 않고 본인만의 확고한 길을 갈 것인가.

만약 본인이 머무는 장소의 암묵적 믿음체계가 본인이 추구하는 방향성과 너무나도 다르고 이러한 차이로 인해 적지 않은 괴로움을 느낄 정도라면 이 경우 두 가지의 길이 있을 것이다. 하나는 암묵적 믿음체계를 형성하는 그 장소에 머무는 대다수의 사람들의 인식을 보다 긍정적인 방향으로 변화될 수 있게끔 사회적 차원에서 노력을 하는 것, 다른 하나는 그 장소에서 벗어나 본인의 삶의 방향성에 부합하는 암묵적 믿음체계가 느껴지는 장소로 거주를 옮기는 것이다.

나는 개인적으로 조용히 전자의 선택을 지지하고 응원하고 싶다. 다시 한 번 이야기해보자면 무엇이 더 세련되고 더 우월한 것인지를 결정하는 것은 그 장소에 머무는 다수 사람들의 주된 공통된 인식이다. 대다수 사람들의 주된 공통된 인식이 무엇을 더 우월하고 세련되게 여기는가에 따라 그 장소의 암묵적 믿음체계가 형성될 것이며, 이는 그 장소에 머무는 사람들의 인식에 미묘한 간접적 영향을 미치게 된다.

따라서 더 세련됨과 더 우월함이 단순히 돈과 같은 외부적 조건들로 인해서만 철저히 보장되는 천박한 수준의 안타까움에서 벗어나 기준법칙에 유익하면서도 품위 있는 성숙한 방향으로 암묵적 믿음체계가 형성될 수 있도록 먼저 본인의 인식 수준을 높일 수 있는 부단한 공부는 '먹고사니즘'만큼 정말 중요한 부분이라 생각한다.

스스로 공부를 열심히 하고 끊임없이 성숙을 추구하면서 동시에 주위의 사람들도 그러한 성숙을 추구할 수 있도록 격려를 아끼지 않는다면 이 얼마나 아름다운 모습인가.

사람들의 호감은
만족과 불안을 동시에 안겨준다

많은 사람들의 호감과 사랑을 받는 자는 만족을 느끼면서 동시에 불안함을 느낄 수 있다. 그 많은 사람들이 왜 본인에 대해 호감을 가지는지에 대한 명확한 이유는 본인에게 호감을 느끼는 사람마다 그 이유가 제각기 다를 수 있으며 그 대답은 대개 모호할 수 있기 때문이다.

더군다나 호감을 받는 자는 본인의 '호감을 받게 되는 이유'의 변화를 겪을 수 있음에 따라 그 호감은 무관심으로 혹은 적개심으로 쉽게 바뀔 가능성을 늘 배제할 수 없기에 더더욱 불안하다. 반대로 그 이유의 변화로 인해 본인에게 무관심 혹은 적개심을 가졌던 사람들이 본인에게 호감을 느끼게 되기도 한다.

많은 사람들의 호감을 받는 자는 본인에 대한 사람들의 태도와 반응에 대해 일일이 연연함과 집착함을 늘 경계해야 한다. 그저 의연히 자신의 길을 묵묵히 가는 것이 현명한 태도가 아닐까.

한 분야의 소수자 A는 다른 분야의 소수자 B가 다수의 논리에 의해 부당하게 핍박받는 경우 이를 방관하지 않고 적극적으로 도움으로써 B의 권리를 지켜내는 데 도움을 줄 때 본인의 분야에서 A의 입지도 보다 튼튼해질 수 있다.

만약 비슷한 경우가 A의 분야에서 일어났을 경우 다른 분야의 소수자들과의 연대를 기대할 수 있음과 동시에 본인과 같은 소수자의 주장에 좀 더 힘이 실릴 수 있는 긍정적 선례가 이미 존재하기 때문이다.

또한 A는 본인의 입장을 뒷받침해줄 수 있는 사건들을 접했을 때 이를 그냥 지나치지 않고 이러한 것들을 공개적으로 지지하고 적극적으로 활용함으로써 본인의 입장을 더욱 확고히 강화할 수 있는 계기를 마련할 수 있다.

우호적인 하루와 버텨내야만 하는 하루

　일상의 흐름이 우호적인 하루의 특징은 주로 상황들이 나에게 있어 긍정적 의미가 있게 되는 방향대로, 마치 이러한 우호적인 상황의 전개는 지극히 당연하다는 듯, 혹은 원래 그러하다는 듯 아주 자연스럽게 발생한다. 따라서 특별한 부닥침이나 저항감을 느끼는 순간이 드문 터라 흥분에 다소 들뜨기도 하고 대체로 무난한 하루로 느낄 수 있다.

　반면 버텨내야만 하는 하루의 특징은 나에게 있어 부정적 의미가 있는 방향대로 상황이 주로 흘러감을 느끼며, 이러한 비우호적인 상황의 전개는 지극히 당연하다는 듯, 원래 그러하다는 듯 아주 자연스럽게 발생된다. 너무나 당연하다는 듯 너무나 자연스럽게 비우호적인 방향으로 상황전개가 발생하는 터라 그저 순간순간 느껴지는 감정적 고통과 그에 따른 각종 부정적 내용의 자연스러운 떠오름(상념 혹은 잡념이라고 표현될 수도 있다)들을 잘 관찰하면서 그저 묵묵히 이러한 힘겨움을 잘 버텨내야만 한다.

이러한 비우호적인 상황들을 잘 버텨냄으로써 우호적인 하루에서 점진적으로 이루어지는 성숙을 단번에 훨씬 뛰어넘을 수 있는 비약적 성숙과 성찰의 행운을 누리는 계기가 될 수 있으며, 비우호적인 상황들에 자주 부닥칠수록 점점 더 의연함의 수준이 높아지게 되는 이면의 긍정적인 측면이 있으니, 썩 달갑지는 않아도 마냥 거부할 수만은 없는 것이 이러한 버텨내야만 하는 하루의 특징인 것 같다.

버텨내야 하는 하루들에 시달리다 보면 어느새 너무나 당연하다는 듯 너무나 자연스럽게 우호적인 상황전개가 펼쳐지는, 우호적인 하루가 나를 반기지 않겠는가.

빗물에 바위가 패이듯

처마에서 바위로 떨어지는 빗방울은 가볍지만 그 가벼움이 지속적으로 반복되는 '경향성'은 결국 그 바위에 빗물로 인한 자국을 남기게 한다.

사람의 경우에도 특정한 상황에서 내린 선택 혹은 대응은 각각의 상황에서 봤을 때는 일회적이지만 그것이 비슷한 상황이 왔을 때에도 비슷한 선택 혹은 대응을 보임으로써 점차 하나의 지속적인 경향성이 되어간다면, 그 경향성은 결국 그 사람의 앞으로의 삶에 있어 엄청난 영향을 미칠 수 있게 된다. 마치 빗물의 경향성으로 인해 바위에 자국이 패이듯.

![통찰체]

A는 도서관에서 철학책을 고른다. A는 가능한 한 두껍고 복잡하며 석사 이상의 전공자만이 겨우 독해할 수 있을 정도의 난해함으로 소문난 책을 고른다.

A는 이러한 책을 독파할 자기만의 독특한 방법을 가지고 있다. 우선 그 글에서 역사적인 사실들의 나열 그리고 타인의 견해를 포함한 상식적 지식들이 나열되고 인용된 부분을 제외한다. 그 다음에 이해를 방해할 수 있는 딱딱한 학술적인 표현과 고급어휘들, 황홀하고도 현란한 수식들을 일기장에서 쓰일 수 있는 담담한 일상적 표현들로 변환시킨다(여기서 궁금한 점이 한 가지 있다. 이러한 난해한 표현으로 책을 쓰는 작가들은 그들이 쓴 글 중 가장 솔직하고 진솔할 수 있는 일기장에는 과연 어떤 표현으로 쓸지 궁금해진다. 만약 일상에서 대화를 할 때 주로 이러한 난해하고도 어려운 표현만을 즐겨 쓰는 사람이 주위에 있다고 가정해보자. 이 얼마나 고상하고

우아하게 보일 것인가? 물론 난 비웃을 테지만).

그러자 두꺼운 현학의 화장이 걷히고 저자가 통찰한 민낯이 드러나기 시작한다. A의 이러한 독파 과정은 '체'를 통해 현학의 모래들을 걸러내어 그 책의 '통찰의 곡물'을 파악하는 과정인 것이다. 분명 한 가마니 분량의 곡물이었으나 막상 체를 통해 걸러진 통찰의 곡물들을 파악한 A는 뭔가 수상하여 다른 가마니들도 체를 통해 통찰의 곡물들을 건져내본다.

(이러한 통찰의 곡물들을 걸러낸 후엔 이러한 통찰의 곡물의 의도와 목적을 파악해보는 과정이 추가되어야 한다. 왜 이 저자는 이러한 통찰의 곡물을 남기려 했는가? 이 곡물들이 지향하는 바, 염두에 두는 바는 무엇인가? 이를 고려해 봄으로써 곡물 자체에 현혹당하지 않고 좀 더 냉정하게 곡물을 바라볼 수 있게 된다.)

이러한 과정을 여러 번 반복해본 A는 기존의 글쓰기의 형식에 대해 의문을 가지게 되고 그 결과 자기만의 '통찰체'를 고안해낸다. 이 통찰체는 현학의 모래를 지양하고 가급적 풍성한 통찰의 곡물을 지향하는 글쓰기의 아방가르드로서 자신이 통찰한 부분을 위주로 글을 구성하되 그 통찰을 설명하기 위해서 가급적 일상적인 쉬운 표현과 쉬운 예시를 활용한 군더더기 없는 깔끔한 혁신적인 문체인 것이다.

이러한 A의 통찰체를 본 기존의 현학적 글을 선호하는 사람들은 이를 무게감 없고 가벼운 글이라 조롱하지만, 현학의 두꺼운 화장에 가려진 민낯을 여러 번 바라본 바 있는 A는 그저 화려한 화장술에 황홀해하는 이들을 조용히 비웃으며 자신의 길을 묵묵히 갔다고 한다.

(이 시점에서 인상주의 화풍을 이끈 마네와 모네의 대작들을 그 당시 조롱하고 비웃었던 과거 프랑스의 아카데미즘의 주류 비평가들을 한번 떠올려보는 것도 재미있겠다.)

사자를 숭배하는 늑대 2

사자에 대한 맹목적인 정신적 의존, 숭배를 추구하는 어리광 늑대는 덩치가 크나 작으나 그 어떤 재능을 가진다 한들 어리광을 부리는 늑대다.

늑대 마을에는 이 어리광부리기를 원하는 늑대의 수가 상당히 많은데 이들 중에는 사냥에 능한 늑대가 있고, 사냥해온 먹잇감들을 활용하여 장사를 하는 데 능한 늑대가 있고, 늑대 마을의 원로로서 나름 풍부한 지식과 경륜을 가지고 있다고 자부하는 늑대도 있고, 늑대마을의 지도자 늑대도 있다.

이 어리광 늑대들은 서로 자신이 얼마나 체계적으로 어리광을 잘 부리는지 우쭐대면서 때론 군중들 앞에서 자신의 황홀했던 어리광 체험을 발표하며 서로의 어리광을 격려한다.

이 어리광 늑대들은 사자에 대한 어리광을 널리 알리고 어리광을 함께 부릴 늑대들을 찾는 데 늘 골몰해있다. 이러한 일환으로서 이 어리광 늑대들은 어리광을 함께 부릴 늑대들을 찾는다는 의도를 교묘히 감추고 겉으로 봤을 때 사회적 차원에서 바람직함을 추구하는 공익적 사업들을 추구하곤 하는데, 이 과정에서 긍정적 이미지와 상징을 누리게 되면서 자연스럽게 어리광을 함께 부릴 많은 늑대들을 끌어들이기도 한다.

이러한 경우 그들이 추구하는 사회적 측면의 공익적 사업들은 그 행위 자체를 두고 보면 바람직함을 추구하는 긍정적 의미를 지니긴 하나 그러한 바람직함의 추구 뒤에 숨겨진 진정한 의도와 목적은 대개 어리광을 함께 부릴 늑대를 모집하기 위한 교묘한 전략의 일환으로 볼 수 있다. 그들의 공익적 사업을 바라볼 때엔 그 공익적 측면과 함께 어리광으로 꾀어내려는 교묘한 전략의 측면을 늘 분리하여 냉철하게 바라볼 필요가 있다고 성숙한 늑대들은 생각한다.

어찌 되었던 이 어리광이 '정신적 미숙함'의 꼬리표를 가지고 있는 한 사냥에 능한 늑대는 어디까지나 사냥에 재능이 있는 어리광 늑대요, 장사에 능한 늑대는 장사를 하는 데 재능이 있는 어리광 늑대요, 지도자 늑대는 리더십을 갖춘 어리광 늑대일 뿐이다. 사자에 대한 맹목적인 정신적 의존, 숭배를 추구하는 한 그들은 제각기 다양한 분야에서 두각을 드러내기도 하는 정신적으로 미숙한 어리광 늑대인 것이다.

어린 늑대가 비범하게 똑똑하고 성숙할 때 그 어린 늑대를 두고 어른 늑대로 보는 이는 없다. 그저 조숙하다고 하거나 신동이라고 하지, 이 어린 늑대는 어린 늑대이기 때문이다. 마찬가지로 어리광은 정신적 미숙함의 증거일 뿐, 어리광을 부리는 늑대가 아무리 능력이 좋고 돈이 많고 지위가 높다 해도 그 늑대는 어쩔 수 없는 어리광을 부리는 늑대인 것이다.

어리광 늑대들은 자신의 길이 아닌 사자를 위한 길을 가며, 세상을 바라보는 관법의 중심에는 사자가 있으며, 이 사자를 위한 길을 가면서 사자에 대한 맹목적인 정신적 의존과 숭배를 철저하게 추구하기 위한 방향으로 그에 부합하는 관법을 확립해가며 세상을 바라볼 뿐이다.

어리광 늑대들이 자신을 위한 길을 가는 것같이 보이는 것도 알고 보면 그 궁극적인 목적은 사자를 위함에 있으며, 오직 사자를 위한 길을 가고, 사자를 숭배하고 사자에 맹목적인 정신적 의존을 보다 더 철저히 하기 위한 관점을 가지려 하는 '주체성'에 큰 아쉬움이 있는 안타까운 삶을 보이는 것이다.

이러한 어리광은 자신만의 관법을 확립해가며 자신의 길을 의연히 가는 본인의 진정한 성숙의 측면에 있어서도 아주 큰 해악이다.

이제 늑대의 우화에서 벗어나 좀 더 진지하게 이야기해 보자면 인간이 나아가야 할 바람직한 방향성이자 본인의 존재적 차원의 진정한 수준을 높이는 길인 자천(自天)으로 자연스럽게 나아가는 데 있어서도 맹목적인 정신적 의존과 숭배 추구는 큰 해로움이자 걸림돌이 된다.

어리광에 머무는 기간이 길어지면 길어질수록 이는 결국 본인의 기준법칙에 있어서도 큰 손해로, 자신의 수준을 높이길 원하고 비약적 성숙을 추구하는 현명한 이라면 어리광은 철저히 경계해야만 하는 것이다. 어리광 대신 공경을 하며 자신만의 관법을 확립해가면서 자신의 길을 의연히 갈 수 있어야 한다.

맹목적인 정신적 의존과 숭배에의 추구에 집착할수록, 어리광에 안주하는 기간이 길어질수록 그만큼 그 존재는 자신의 정신적 미숙함을 스스로 드러내는 것이다. 덩달아 이를 지켜보는 자신의 길을 의연히 가는 성숙한 자는 어리광을 부리는 존재의 정신적 미숙함을 바라보며 그저 안타까워하는 것이다.

스치듯 자연스런 떠오름

여기 늘 무기력함과 우울증에 시달리던 A가 있다. A는 어느 날 '왜 이렇게 계속 우울함과 무기력을 방치해야만 하는가' 하는 '스치듯 자연스런 떠오름'과 마주치게 되고 이를 계기로 좀 더 밝고 의욕적인 삶을 누리고 싶다는 강한 욕망을 느끼게 된다.

그 결과 A는 좀 더 밝고 의욕적인 삶을 위해 꾸준한 운동과 건강한 식단, 활발한 야외활동과 같은 긍정적 선택들을 적극적으로 추구함으로써 무기력과 우울증으로부터 차츰 벗어나게 된다.

여기 늘 성적이 과에서 꼴찌를 맴돌던 경영대학생 B가 있다. B는 어느 날 '왜 별다른 감흥을 느낄 수 없는 전공 공부에 시달리면서 동시에 열등감을 견뎌야 하는 생활을 지속해야만 하는가' 하는 '스치듯 자연스런 떠오름'과 마주치게 되고, 이를 계기로 B는 평소 자신이 흥미와 재능을 보였던 문학적 글쓰기를 본격적으로 하기 위해 기존의 전공을 국문학과로 바꾸려는 계획을 세우게 된다. 결국 B는 전과에 성공을 하고 부단한 노력을 한 결과 졸업할 즈음에 걸출한 작품을 완성하여 출판사와 계약을 맺는 데 성공한다.

A와 B의 경우처럼 일상에서 문득 마주치는 '스치듯 자연스런 떠오름'은 그와 관련한 감정과 욕망을 유발하게 되고, 이는 곧 그에 부합하는 특정한 선택을 유도하게 되는 계기가 되기도 함으로써 이 선택은 곧 현실에 영향을 미치게 된다.

현실의 얼마나 많은 부분들이 우리가 일상에서 순간적으로 마주치는 '스치듯 자연스런 떠오름'으로부터 비롯되는 걸까?

그리고 이 '스치듯 자연스런 떠오름'들의 각각의 출처와 원인은 무엇일까?

자기관찰의 수준과 직관적인 자연스런 파악의 수준이 높아짐에 따라 이러한 부분에 대해 한번 고찰해볼 수 있다는 것은 누군가에겐 흔한 일상이면서도 누군가에겐 부러움과 호기심의 대상이지 않을까.

기능공과 대가(大家)의 차이

　기존의 지식과 이론에 안주하여 세상을 맹목적으로 바라보는 한 붓을 들게 된다면 그림을 아름답게 잘 그리는 사람은 기대할 수 있을지언정 세잔과 같은 사람은 기대할 수 없다.

　끌과 망치를 들게 된다면 아름다운 조경을 장식할 능숙한 석공은 기대할 수 있을지언정 로댕과 같은 사람은 기대할 수 없다.

　철학을 하게 된다면 기존의 철학의 흐름을 멋지게 소개하는 친절한 안내자는 될 수 있을지언정 데카르트와 같은 사람은 기대할 수 없다.

　자신만의 주체적인 관법을 붓으로 구현해낼 수 있는 자는 세잔과 같은 인물이 되고, 끌과 망치로 구현해낼 수 있는 자는 로댕과 같은 인물이 되고, 펜으로 구현해낼 수 있는 자는 데카르트와 같은 인물이 되는 것이라고 본다.

　각 분야의 대가는 구현해내는 수단의 차이가 있을 뿐, 그 공통분모에는 표현해내고자 하는 본인만의 주체적인 관법이 있다.

오직 기존의 지식과 이론에 안주하지 않고 이를 재해석하고 소화함으로써 본인만의 관법을 확립해 나가기 위한 부단한 노력을 하는 자만이 본인만의 주체적인 관법의 발현인 그림과 조각과 글과 같은 수단을 통해 대가로 우뚝 설 수 있게 되는 것이 아닐까.

결국 이 주체적인 관법을 가졌느냐 그러지 않으냐의 여부가 그 분야의 유능한 기능공과 대가(大家)의 근본적인 차이라 볼 수 있겠다.

숭고함을 위한 사전준비

현명한 삶의 방향성을 추구하는 자에게 발생하는
100에 해당되는 고통과 고뇌는
훗날 80의 고통과 고뇌를 견뎌내야만 하는 일을
보다 수월히 해내기 위한 하나의 사전준비과정이다.
현재의 100에 해당되는 고통과 고뇌를 잘 견뎌내야
이러한 긍정적 체험으로 말미암아
훗날 80의 고통과 고뇌를 비교적 잘 견뎌내며
해야 할 일을 의연히 해낼 것이니 말이다.
훗날 감당해야 할 일이 얼마나 멋지고 숭고하기에
현재의 고통과 고뇌가 이리도 깊단 말인가 하며
견뎌내야만 하는 순간은 의연히 잘 견뎌내야만 한다.

우월함에 대한 서로 다른 반응

    우월해 보이는 사람 A, B가 있다. A는 본인의 우월함을 잘 알고 있으나 이를 내색하지 않고 늘 허영을 경계하는 타입이고, B는 본인의 우월함을 잘 알고 있으며 이에 도취하여 허영에 너그러운 타입이다.

    A, B가 길을 가면 누구나 눈을 크게 뜨고 쳐다보게 될 만큼 A와 B로부터는 어떤 우월함이 느껴진다.

    길을 가는 많은 사람들은 A, B를 볼 때 어떤 우월을 느끼지만 그 우월에 대한 반응은 서로 다르다. A는 늘 기본적 태도가 겸허함을 유지하려 노력하니 그 내면의 노력이 그를 더 우월하게 할 가능성을 만든다. 즉, 기본적 태도는 늘 겸허함을 견지하려 노력함으로써 그는 더 성숙해짐을 향해 나아가고 있으며 사람들은 A의 우월함을 볼 때 더 성숙해지고자 하는 아름다운 우월함을 보게 된다. 그러므로 미움과 질투와 같은 부정적 감정을 느끼게 되기보다는 순수한 감탄의 반응을 보이기 쉽다. '저렇게 우월한 사람이 있다니' 하면서 말이다. A의 겸허함은 주로 긍정적 감응을 낳음으로써 그의 우월함에 대한 반응 또한 대체로 긍정적이게 되는 것이다.

반면 B는 본인의 우월함에 도취하여 허영에 점점 더 다가감에 따라 성숙해짐과는 서서히 멀어지고 있다. B의 허영에 가까워짐이 그를 서서히 덜 우월하게 만들 가능성을 높이는 것이다. B의 우월함은 더 성숙해지고자 하는 아름다운 우월함이라기보다는 현재의 우월함에 도취하여 더는 성숙해질 여지가 점점 줄어드는 서서히 기울어짐을 기다리는 위태로운 우월함이다. 따라서 B에게는 성찰이 필요하다. B를 보는 사람들은 이 B의 위태로운 우월함을 보는 순간 A와는 정반대의 반응 즉, B로 하여금 성찰의 계기를 만들어주기 위한 반응과 태도를 보이기 쉽다(B에 대한 사람들의 반응과 태도가 결과적으로 B의 성찰을 유도할 가능성이 높기에 이렇게 표현해본 것이다).

주로 '왠지 재수 없다' 느니 '별꼴' 이라느니 하는 미움과 질투 섞인 부정적 반응을 보일 가능성이 높다고 본다. B의 허영에 가까워짐은 주로 부정적 감응을 낳음으로써 그의 우월함에 대한 반응 또한 대체로 부정적이게 되는 것이다.

(물론 어떤 사람에 대해 미워하거나 호감을 가지게 되는 과정에는 너무나 많은 변수가 있다는 점을 고려하시어 부디 이 글은 하나의 즐거운 사색의 계기가 되었으면 한다.)

뚱뚱한 난쟁이 마을 이야기

식탐이 많은 난쟁이들이 사는 마을이 있다. 이 난쟁이들은 워낙 식탐이 많은지라 자신의 체중이 서로 얼마나 불어날 수 있는지 경쟁이라도 하듯 식탐을 하나의 미덕으로 여기며 음식 앞에서는 아주 너그럽고 낭만적인 데가 있다.

이 마을에서는 뚱뚱한 난쟁이들은 아주 자연스럽고 바람직한 반면 소수의 날씬한 난쟁이들은 늘 지나친 식탐의 위험성을 경계하며 건강관리를 하는지라 다수의 뚱뚱한 난쟁이들의 눈에 이들은 하나의 별종 혹은 타자로 취급받곤 한다.

이 소수의 날씬한 난쟁이들은 늘 지나친 식탐과 그로 인한 과체중의 위험성을 늘 경고하곤 하지만 식탐만큼이나 음식을 소화하는 탁월한 능력을 갖춘 이 뚱뚱한 난쟁이들은 이에 아랑곳하지 않고 서로 식탐의 미덕을 과시하며 날씬한 난쟁이들의 경고를 그저 비현실적인 공허한 메시지로 여길 뿐이다.

어느 날 이 마을에 하나의 사건이 발생하게 된다. 식탐 미덕의 왕으로 칭송받던 대식가 중의 대식가 A 난쟁이가 게걸스럽게 음식을 먹은 직후 갑자기 안색이 창백해지며 자리에 눕게 된 것이다. 그 후 A는 시름시름 앓으며 죽을 때까지 꼼짝없이 자리에 누워 지내는 처지가 되었다.

평소에 워낙 건강하던 A 난쟁이 사건 앞에 뚱뚱한 난쟁이들은 당황해하기 시작한다. 뚱뚱한 난쟁이들은 결코 식탐이 직접적 원인이 되어 질병에 시달린 전례가 없었기 때문이다.

이러한 사건으로 인해 뚱뚱한 난쟁이들은 두려움을 느낌과 동시에 그동안 무시당하던 날씬한 난쟁이들의 공허한 주장이 서서히 이들의 귀에 현실적으로 들려오기 시작한다. 하지만 이내 곧 A의 사건은 하나의 예외적 불운으로 간주되며 마을은 평온함을 되찾고 다시 식탐이 미덕으로 칭송받기 시작한다.

그러다 시간이 지나면서 제2, 제3의 A와 유사한 사건들이 발생하기 시작하자 뚱뚱한 난쟁이들은 이러한 사건이 하나의 예외적 불운이 아닌 식탐으로 인한, 뚱뚱한 난쟁이에게 유의하고 경계해야 할 사건으로서 서서히 인식되기 시작했다. 그 결과 날씬한 난쟁이를 고문으로 위촉하여 지나친 식탐을 경계하기 위한 마을의 규율을 제정하고 캠페인을 벌이는 등 식탐에 대한 한없이 너그러운 인식을 서서히 바꾸려는 노력이 마을에서 발생하게 된다.

날씬한 난쟁이들의 경고와 같은 '긍정적 지식'과 더불어 그 지식이 그것을 뒷받침해주는 영향력 있는 사건과 마주침으로써 서서히 개개인의 인식에 긍정적 변화가 일어난 것이다. 암묵적 믿음체계가 변화되어감에 따라 그 사회의 문화와 정책의 흐름에 변화를 유도함으로써 사회는 보다 더 성숙해져 간다.

식탐 많은 뚱뚱한 난쟁이들에게 있어 지나친 식탐을 경계하며 날씬하고 건강함을 추구해야겠다는 인식의 변화로 말미암아 다이어트를 하겠다는 결단을 내리게 되는 순간이 곧 더 성숙해짐의 과정이라 볼 수 있을 것이다.

판단 그리고 결단

본인 스스로의 주체적인 결단에 따른 현명한 삶의 방향성을 추구함이 더 나은가,

암묵적 믿음체계에 따라 흘러가는 대로 맹목성의 비난에서 자유롭지 못한 삶을 추구하는 것이 더 나은가,

자기만의 주체적인 관법을 형성해가며 사는 삶이 더 나은가,

권위 있는 타인의 견해들이 여기저기 널브러져 있는 정체성 불분명한 바탕지식을 형성해가며 맹목적인 관점을 가지고 사는 삶이 더 나은가,

자신만의 관법을 형성해가며 자신의 길을 의연히 가는 것이 더 나은가,

맹목적인 정신적 의존과 숭배를 추구하며 어리광을 위한 관점을 형성해가면서 어리광을 위한 길을 가는 것이 더 나은가.

무엇이 더 나은 것인지를 고민한 후, 판단을 내렸으면 그에

따른 결단을 해야 한다.

　본인의 기준법칙에 유익한 선택들을 얼마나 연속적으로 신중히 의연하게 잘 해내느냐에 따라 본인의 성숙과 삶의 만족도가 결정된다고 본다.

존재와 장소

존재는 장소에 머문다.

장소에 머무는 존재는 그 장소에 영향을 주고, 그 장소 또한 머무는 존재에 영향을 준다.

존재는 장소에 머물며 그 장소의 변화에 따른 수동적인 선택을 내리기도 하고, 장소를 존재의 생존에 용이한 환경으로 변화를 도모하기 위한 능동적인 선택을 내리기도 한다.

존재는 머무는 장소가 생존에 용이한 환경이 될 수 있기 위한 노력을 하지만 머무는 장소가 생존에 용이한 환경으로 변화됨이 곧 그 장소가 기준법칙에 있어 우호적임을 보장하지는 않는다.

존재는 자신만의 삶의 방향성을 추구함과 동시에 장소가 생존에 점점 더 용이한 방향으로 변화될 수 있기 위한 선택들을 추구하게 된다. 그러한 선택의 연속성이 장소의 '존재에의 우호도'와 더불어 기준법칙에 있어서도 우호적인 결과를 야기하게 된다면, 시간이 지남에 따라 존재의 장소에의 삶은 성숙에 있어서 점점 더 수준 높은 긍정적 의미를 자연스레 확보하게 된다. 존재가 더욱 성숙해짐에 따른 더 성숙한 선택의 빈도가 높아지면서 장소의 '존재에의 우호도'는 점점 더 높아질 가능성이 크다.

반면 존재의 선택이 단순히 장소의 '생존에의 적합성'만을 고려함에 따라 기준법칙에 있어서는 오히려 비우호적인 결과를 지속적으로 야기하게 된다면, 시간이 지남에 따라 장소에는 존재의 성찰을 요구하는 비우호적인 사건들이 발생할 가능성이 높다. 이 사건에 직면하는 존재는 기존의 선택의 방향을 지속해 나갈 것인지의 여부를 결정해야 할 선택의 기로에 서게 된다.

만약 기존의 선택 방향을 고수하게 된다면 장소에는 계속해서 그 선택 방향의 긍정적 변화가 일어날 때까지 비우호적 사건이 지속적으로 발생하게 될 가능성이 높고, 존재의 선택이 기준법칙에 비우호적인 결과를 야기함에 따라 존재의 장소에의 삶은 성숙의 측면에서 아쉬움이 있게 되며 단순한 생존활동 이상의 긍정적 의미를 확보하기가 점점 더 어려워질 가능성이 높다(물론 올바른 삶의 방향성을 추구하며 기준법칙에 유익한 선택들을 용기 있게 내리면서 자신의 길을 의연히 가는 경우는 여기에 해당되지 않는다).

단순한 생존활동 그 이상의 긍정적 의미가 확보되기 어려운 삶은 관찰자의 입장에서 봤을 때에는 마냥 처절하고 안타깝게만 보일 수 있는 것이 사실이다.

누구나 본인의 삶을 관찰자처럼 관찰하는 것이 가능하니, 본인의 삶이 처절한 생존투쟁 그 이상의 긍정적 의미가 확보되기 어려운 방향으로 점점 향해가고 있는 것은 아닌지 성찰해 보는 것은 매우 현명한 태도가 될 것이다.

존재의 선택이 장소의 '생존에의 적합성' 뿐만 아니라 기준법칙에 있어서의 유익함도 함께 고려하는 현명함이 뒷받침되면 존재와 장소는 우호적으로 공존한다. 또한 이를 바탕으로 존재의 삶은 단순한 생존활동을 넘어 자신의 부단한 성숙을 추구함과 동시에 다른 존재의 성숙과 삶 그리고 머무는 장소의 더 나아짐까지 고려하는 성숙함과 훌륭함의 긍정적 의미를 동시에 누리는 역사적인 위대한 삶을 영위할 수 있게 된다.

모욕에 대한 단상

A는 뚱뚱한 B를 혐오한다. A는 늘 B의 뚱뚱함을 언급하며 B에게 모욕을 준다. B는 수치심에 괴로워하다 결국 힘겨운 다이어트를 통해 체중 감량에 성공한다.

여기 B를 혐오하는 C가 있다. C는 날씬해진 B를 괴롭히기 위해 B가 겪고 있는 경제적 어려움을 언급하며 B에게 모욕을 주기 시작한다. B는 A에게 모욕을 당한 경우와 마찬가지로 C의 모욕 앞에 수치심으로 괴로워한다.

여기서 분명한 것은 모든 사람에게 사랑받기란 불가능하다는 것이고 누군가는 A와 C처럼 당신을 혐오할 수 있다는 점이다.

B의 경우처럼 뚱뚱함이 약점으로 보이면 그 뚱뚱함을 욕할 것이고, 요행히 뚱뚱함을 극복해내면 또 다른 약점들, 일례로 키가 작다는 둥 혹은 성격이 고약하다는 둥 하며 끊임없이 모욕을 해댈 것이다. 모욕에 해당되는 약점을 극복해내면 상대

방에 의해 또 다른 약점들이 발굴된다.

　따라서 떳떳하지 못한 선택으로 인하여 비난을 받는 경우가 아니라면 모욕에 담긴 구체적인 메시지에는 연연하지 않을 필요가 있다. 그것은 단지 혐오를 드러내기 위한 수단이자 표현일 뿐이니 말이다.

소수자와 존중의 태도

사회적으로 열등하다고 간주되는 소수자 그룹이 있다. 이 소수자 그룹의 고충에 대해서 사람들은 으레 외면하는 경향이 있으며 이 소수자들은 사회적으로 열등한 위치에 놓여있다는 암묵적 믿음체계가 존재한다.

이 소수자들을 대하는 사람들의 태도는 제각각 다르지만 대개 마주치는 사람들의 그 당시의 기분 상태나 여유 혹은 인격적 성숙의 정도에 따라 소수자들이 존중을 받을지 혹은 은근히 무시당할지가 정해지게 된다(단, 여기서는 소수자의 친지나 지인의 경우는 논외로 한다).

소수자와 마주치게 되는 상대방이 다행히 그 순간 기분이 좋거나 여유가 있는 상태 혹은 인격적으로 성숙한 사람이라면 상대방은 소수자에 대해 기본적인 존중 혹은 이따금씩 호의적인 반응을 보일 수 있겠지만, 만약 정반대의 경우라면 상대방은 '암묵적 믿음체계' 11)에 따른 맹목적 반응을 보일 가능성이 있다. 즉, 소수자를 은근히 무시하며 그를 은연중에 하대할 가능성이 있는 것이다.

기분이 좋지 않거나 여유가 없을 때엔 순간적인 인식에 따른 즉각적인 반응을 보이기 쉽기에 순간적으로 인식되는 느낌이 '무시해도 되는 열등함'이라면 자연스럽게 그 인식에 걸맞은 무시하는 태도를 보일 가능성이 있는 것이다.

만약 소수자가 이러한 암묵적 믿음체계에 위축되지 않고 스스로 당당한 자신감을 견지하며 산다면 사람들은 그를 볼 때 비록 소수자에 해당함을 알면서도 순간적인 인식이 '존중해야 할 필요성이 있는 당당함'으로 느껴져 그에 부합하는 존중의 반응을 보이게 될 것이다.

암묵적 믿음체계상 열등하다고 간주되는 소수자가 있다면 우선 스스로가 위축되지 않고 당당한 태도를 견지할 수 있도록 노력함과 동시에 본인이 속해있는 소수자 그룹이 사회적으로 존중받을 당위가 있음을 적극적으로 알리고 그에 걸맞은 긍정적 행보를 보임으로써 사회적으로 긍정적 상징을 확보하는 노력이 현명할 것이다.

소수자 스스로가 당당하면서 그 그룹의 사회적 인식이 점

---

11) 『일상철학』 1권 참조.

차적으로 열등함의 위치에서 벗어나 긍정적 상징을 확보하게 되다면 소수자는 더 이상 소수자가 아닌 희소한 자로서, 마주치는 사람들이 아무리 여유가 없거나 기분이 좋지 않다 하더라도 그들을 함부로 하대하거나 무시할 수 없게 될 것이다.

더러움에 익숙한 자

    늘 특정한 더러움에 익숙한 자는 대개 그 더러움을 '불가피한 현실'로 여기기 쉽고, 같은 더러움을 보이는 자를 비난하기보다는 도리어 감싸게 되는 경우가 많다.

    그의 더러움을 비난하는 것은 곧 불가피한 현실을 외면하는 것이 되면서 동시에 자신을 비난하는 것이 되지만, 더러움을 감싸는 것은 불가피한 현실을 정당화해줌으로써 심리적 안정감을 제공하기 때문이다.

근원적 슬픔

A는 경쟁의 치열함을 증오하면서도 여기에서 벗어날 수 없다. 경쟁의 치열함이 주는 내밀한 만족을 알기 때문이다.

A가 경쟁의 치열함에서 벗어나 한없이 한가로운 삶을 누리게 될 때에 그는 감당하기 어려운 근원적 슬픔을 아주 오랫동안 응시하게 되는 상황에 맞닥뜨릴 수 있을 것이다.

치열한 경쟁을 하는 동안에는 재빨리 슬픔에서 벗어나 경쟁에 눈을 돌릴 수 있기에 A는 결코 자발적으로 그 대열에서 이탈하는 법이 없다.

A가 오랫동안 응시하기를 두려워하는 그 근원적 슬픔이란 무엇인가?

매일 아침 거울 앞에서 그리고 병원과 장례식장에서 흔히 마주치는 것들이 아니던가.

재미있는 글과 유익한 글

재미있는 책이란 독자가 평소 직관적·선험적으로 알고 있던 부분에 대해 다루되 흥미롭게 의미를 부여하며 새로운 시선을 제시하는 책이다.

유익한 책이란 기준법칙에 이로우면서 독자가 평소 직관적·선험적으로 알고 있던 부분과 그렇지 못했던 부분을 함께 다룸에 따라(수준 높은 책일수록 독자가 평소 직관적·선험적으로 알지 못했던 부분을 다루는 비중이 높을 것이다) 직관적·선험적으로 알고 있었던 부분에 대해서는 새로운 시선으로서 흥미롭게 이해가 되고, 그렇지 못했던 부분에 대해서는 새로이 알아차림의 과정을 겪게 됨으로써 독자의 성숙(이는 곧 직관적·선험적인 앎의 수준이 높아짐을 의미하기도 한다)에 도움이 되는 책이라 본다.

견공국 이야기

　견공국은 최근 심각한 경제난으로 여론이 심상치 않다. 먹고살기가 빠듯하다 보니 점점 각박하고 삭막한 분위기가 일상의 흔한 풍경이 되면서 여유와 서로 간의 배려는 점점 찾기가 어렵다.

　이러한 삭막한 분위기 속에 평소 늘 함께 먹을거리를 나눠 먹곤 하던 마을에 으레 한두 마리씩 존재하는 고양이들이 강아지들 눈에 슬슬 거슬리기 시작한다.

　경제사정이 좋을 때 개들은 마을의 고양이들에게 관심을 가지고 함께 먹을거리를 나눠 먹곤 하였으나, 나라 경제가 워낙 어려워지자 자신들의 먹을거리의 일부를 나눠야만 하는 고양이들을 눈엣가시로 여기기 시작한 것이다.

　이러한 예민한 분위기를 감지한 정치견들은 여론에 편승하여 고양이들을 배척하는 논리가 담긴 '견 순혈주의 법'을 통과시킨다. 견 순혈주의 법은 그동안 서서히 늘어난 고양이의 존재로 인해 순수한 개의 혈통이 서서히 감소하게 됨에 따라 견공국의 정체성이 위협받는 상황에 놓이게 됨으로서, 이러한 위기상황을 타개하고자 앞으로는 마을에 서식 가능한 고양이의 수를 제한하며, 개가 사는 곳으로부터 격리하여 먹잇감의 확보에도 큰 어려움에 처해지도록 사실상 방치하는 끔찍한 내용이 담기게 된다.

고양이를 배척하는 견 순혈주의 법이 통과됨에 따라 다수의 견법관들은 고양이와 관련한 법적 분쟁에 있어 기계적으로 고양이들을 마을로부터 격리시키고 추방하는 판결을 내리기 시작한다.

하지만 본인만의 바람직한 관법[12]을 형성해가는 소수의 견법관들은 어쩔 수 없이 고양이에 배타적인 현행법을 고려하되 그 해석과 적용에 있어서는 최대한 유연함을 발휘하여 고양이들의 일방적인 추방을 막으려는 너그러운 판결을 하려 애쓴다.

이 소수의 현명한 견법관들의 너그러운 판결은 다수의 여론에 의해 솜방망이 처벌이라는 비난을 받지만, 이에 아랑곳하지 않고 이들은 본인의 바람직한 관법을 바탕으로 법을 신중하게 해석하고 적용하려는 노력을 게을리하지 않는다.

---

12) 본인만의 관법은 세상을 바라보는 방식, 관점으로 작용함과 동시에 판단 기준으로도 작용함.

시간이 지나 견공국이 끔찍했던 경제난으로부터 서서히 벗어나게 되면서 그동안의 각박하고 삭막했던 사회 분위기에 대해 자성의 목소리가 커져가게 된다.

경제난으로부터의 회복은 다수의 견공들로 하여금 주위에 대한 관심과 배려가 다시 자연스럽게 싹틀 만큼의 충분한 여유를 누리는 것을 허용해주었고, 견 순혈주의 법은 견공국 사상 최악의 법으로 간주되며 자연스레 폐기처분되었다. 그 결과 그동안 추방당하고 억압당했던 고양이들은 국가에 대한 손해배상청구와 동시에 그동안 그들에게 기계적으로 억압적인 판결을 내린 다수의 견법관들을 비난하며 그들에게 책임과 사과를 요구한다.

극심했던 경제난 탓으로 소수 고양이들을 억압한 것에 동조한 다수의 견공들은 죄책감과 고양이들에 대한 연민을 느낌에 따라 고양이들의 행보를 지지하고 응원하는 우호적인 여론이 형성되어 손해배상청구는 원활하게 마무리 되고, 일방적으로 억압적 판결을 내린 개법관들은 '판결문 제조기'란 불명예를 뒤집어쓰며 법관에서 자진 사퇴하게 된다.

반면 본인만의 올바른 관법을 형성해가면서 과거의 억압적인 법을 최대한 신중하게 적용하려 노력했던 소수의 현명한 견법관들은 개과 고양이 모두로부터 찬사를 받게 된다.

법치국가에서 구성원 개개인은 법을 준수할 것을 요구받는다. 법은 흔히 사회적 약속으로도 불리지만 위의 견공국의 사례에서처럼 대개 여론에 쉽게 휩쓸리게 되는 가능성이 늘 존재한다.

만약 이 여론이 여러 안타까운 변수로 인해 우경화와 같은 심각한 상황으로 흐르게 된다면 여론에 편승하여 선거에서 표를 얻길 원하는 민첩한 정치인들에 의해 우경화 논리가 반영된 악법이 제정되어 활개 치게 될 가능성을 결코 배제할 수 없다. 이러한 경우 현행법에 따라 법을 집행하는 법관들은 법치라는 이름으로 사회적 약자 혹은 타자에 대한 사실상 합법적인 폭력을 휘두르게 될 가능성이 있다.

따라서 법치국가일지라도 법보다 우선해야 하는 것은 바로 본인만의 올바른 관법의 형성이라고 본다.

본인만의 올바른 관법대로 살아가며 법은 어길 시에 불이익이 있으니 이 불이익을 방지하는 차원에서 현명하게 법을 고려하되 이 법에 대해서 정신적으로 얽매일 필요는 없다고 본다. 본인만의 관법이 우선이고(올바른 관법대로 사는 것이니 법에 굳이 얽매이지 않아도 떳떳함을 추구하는 행위를 하려 노력할 것이다), 법은 준수하지 않을 경우 불이익이 있으니 그 불이익을 방지하는 차원에서 2차적으로 법을 고려하는 것이다.

그리고 항상 눈앞의 법이 무엇을 그리고 누구를 위한 법인지를 냉철하게 바라보는 시선을 견지할 필요가 있다. 현행법이 견공국의 사례처럼 사회적 타자와 약자를 전혀 배려하지 못하고 오히려 그들을 배척하는 논리로 범벅되어 있다면 그 법은 심각하게 재고되어야 할 것이다.

만약 본인만의 올바른 관법 형성의 중요성을 인지하지 못하고 그저 법 맹목주의적 태도로 법에 수동적으로 얽매이는 삶을 살게 된다면 견공국의 예에서처럼 고양이들의 억압에 동조했던 다수의 견공들이 훗날 느껴야 했던 죄책감과 판결문 제조기로 전락한 개법관들의 안타까움을 피하기 어려울지도 모른다.

오전의 철학

따뜻한 차 한 잔과 함께

경제적 이익 발생의 근본적 요인

한 사회의 경제적 이익은 주로 개인의 필요, 원함, 불편 이 3가지 요인이 근본적 계기로 작용함으로써 발생한다.

'필요'는 누리지 않으면 삶의 질이 현저히 낮아질 우려가 있는 일종의 필수적 측면(의식주, 의료 등)으로 간주해볼 수 있고, '원함'은 생활에 있어 필수적으로 누려야만 하는 측면은 아닐 수 있지만 즐거움, 만족과 같은 정서적 효용 그리고 본인의 더 나은 삶과 성숙을 위해 추구해야 하는 측면(교육, 문화, 예술, 재화, 서비스 등)으로 간주해볼 수 있다.

이 필요와 원함에 해당되는 바를 창출하는 과정(주로 생산과 투자, 금융, 고용이 발생) 그리고 그것들의 창출에서 야기된 필요와 원함의 충족 과정(주로 금전적 소비 혹은 지출, 교환 등이 발생)에서 경제적 이익이 자라난다.

'불편'은 삶을 살아가는 데 있어 가급적이면 덜 겪기를 그리고 가능한 최소화되길 바라는 면으로서(형식적 규제, 복잡한 절차, 교통체증, 비위생적인 생활환경 등) 이 불편을 회피, 최소화, 간략화하기 위한 조건들을 창출하는 과정과 그 창출된 조건들을 누리기 위해 대가를 지불하는 과정에서 경제적 이익이 자라난다.

이 필요, 원함, 불편이란 3가지 요인은 어떤 경제체제냐에 따라 그 나타남 혹은 작용의 양상이 제각각 다를 수 있으나 경제적 이익이 자라나게 하는 근본적 계기로 작용한다는 사실은 체제와 상관없이 동일하게 적용된다.

(참고로 이 글은 국가 상호 간의 거시적 차원에서의 변수 가령 외교, 전쟁, 무역과 같은 측면으로 인해 발생할 수 있는 경제적 이익의 경우는 고려하지 않았음을 밝힌다.)

서양 미술사에서 살아남기

　예술 감상자로서 그리고 철학인으로서 보건데 서양 미술가는 본인이 대가로 우뚝 서기를 바란다면 본인만의 독창적인 관을 형성해감이 필요하다고 생각한다. 서양 미술사에서 본인의 독창적인 관을 형성해가지 않은 대가란 찾아보기 어렵기 때문이다.

　하지만 흔히 '~의 아버지' 혹은 '~의 창시자'로 간주되는 대가는 아니더라도 다음의 4가지 조건 중 적어도 한 가지 이상을 만족스럽게 충족시키려 노력한다면 그는 서양 미술사에 충분히 비중 있게 기록될 수 있는 요건을 갖추었다고 본다.

　첫 번째 조건은 예술가의 세상을 바라보는 그만의 시선(독창적 이론, 관점), 두 번째는 예술을 구현함에 있어서 그를 떠올리게 하는 상징성·대표성이 있는 그만의 표현수단·매개체(특정 화구, 재료 혹은 오브제 등이 포함됨), 세 번째는 그를 떠올리게 하는 대표성을 확보한 일관된 특정 모티프, 네 번째는 기존의 표현방식에서 진일보하거나 독창성이 있는 그만의 예술 표현(독창성이 있는 양식)이다.

첫 번째의 예로는 큐비즘, 미니멀리즘, 미래주의, 추상표현 주의 등의 '~이즘' 혹은 '~주의'와 같은 예술적 관을 최초로 시작하고 주도한 예술가들이 해당될 것이다(사실 이 첫째 조건을 크게 만족스럽게 충족시키는 예술가를 흔히 대가로 부르게 된다).

두 번째 예로는 트레이시 에민의 은밀한 사생활 노출(대표적으로는 텐트 작품), 뒤샹의 레디메이드, 얀 파브르의 볼펜, 백남준의 TV 및 전자기기 등이 해당될 것이다.

세 번째 예로는 드가의 무희, 모네의 노적가리 및 수련 등의 연작, 제스퍼 존스의 성조기, 워홀의 캠벨 수프 깡통, 뭉크와 베이컨 작품에서 주로 다뤄지는 실존적 불안과 고통, 페르낭 레제의 작품에서 주로 다루는 산업문명의 역동성과 노동자들의 모습, 에드워드 호퍼가 다룬 현대인의 고독, 제프 쿤스가 주로 다루는 키치 등이 해당될 것이다.

마지막 네 번째 예로는 조르주 쇠라의 점묘법, 세잔의 두 가지 이상의 시점에서 동시에 포착된 대상의 모습을 반영한 회화, 잭슨 폴록의 드리핑, 피카소의 큐비즘과 콜라주, 마티스의 포비슴 등이 해당될 것이다(사실 독창적 양식은 독창적 관의 결과인 경우가 많으니 첫째 조건과 넷째 조건은 상당 부분

겹친다).

이 4가지 중 가장 중요한 것은 첫 번째 '본인만의 독창적 시선, 이론, 관점'이며 이 부분이 명확하게 형성되면 나머지 3가지 부분은 자연스레 따라오게 되어있다. 남과 다르게 바라보는데 어찌 비슷하고 식상한 표현이 나올 수 있겠는가? 남과 세상을 다르게 바라보는 예술가의 작품은 당연히 신선하고 독창적일 수밖에 없을 것이다(단, 기존의 예술과 관련하여 통용되는 상식과 지식, 기법으로부터 작가의 관이 얼마나 진일보하였으며 얼마나 독창성을 확보하고 있는지가 중요할 것이다).

만약 안타깝게도 본인만의 독창적 관을 위한 지적인 공부에 별로 관심이 없는 예술인일지라도 앞서 언급한 나머지 둘째, 셋째, 넷째 3가지 부문에서 본인만의 상징성과 대표성을 확보하는 데 성공한다면 그는 서양 미술사에 적지 않은 분량으로 기록되는 데 성공할 수 있을 것이다.

하지만 만약 위 4가지 조건 중 단 하나의 기준도 만족스럽게 충족시키지 못한다면 그는 서양 미술사에 비중 있게 기록되는 예술가가 되긴 조금 어렵지 않을까 생각한다.

부연설명

1. 제가 이 글에서 첫 번째 조건으로 언급한 '예술가의 세상을 바라보는 그만의 시선'은 쉽게 말해 세상을 바라보는 본인만의 관점, 이론을 책으로 내놓을 수 있을 만큼의 차별성, 독창성을 확보하고 기존의 이론과 지식으로부터 진일보 혹은 본인의 관법으로 재해석을 한 경우가 이 첫째 조건을 충분히 만족시킨 경우라고 볼 수 있습니다.

2. 서양 미술사의 대가들을 다룬 책들을 보면 그들은 대부분 자기만의 관점을 하나의 이론으로서 책으로 엮을 수 있을 만큼의 독창적 관을 형성해가고 있었음을 잘 알 수 있습니다.

3. 예술작품은 예술가의 세상에 대한, 그리고 예술에 대한 관을 바탕으로 기교와 예술적 감성이 어우러져 작가의 관을 형상화한 텍스트라고 볼 수 있습니다. 서양 현대미술의 아버지라 일컬어지는 세잔 이전의 서양 미술작품들을 보면 지금의 복잡하고도 난해해 보이

는 서양 현대미술에서의 다양성과 비교해 봤을 때 그 다양성의 수준이 상대적으로 낮습니다. 과거 서양미술은 당시 예술과 관련한 지식, 이론의 한계 및 협소함에서 기인한 과거 예술가들의 관이 그만큼 현대 예술가들에 비해 상대적으로 그 범주와 범위가 협소했기에 작가의 관의 형상화인 작품들 또한 대개 기교에서의 수준의 차이가 있을 뿐, 주제 및 표현방식에 있어 대개 엇비슷하다는 것을 알 수 있습니다.

예술작품이 오직 예술적 감성의 표현이라면 이미 과거에도 서양 현대미술과 같은 표현의 광범위한 다양성이 발견되어야 할 것입니다. 한마디 더 첨부하자면 본인의 직관적·선험적인 앎도 글로 표현하면 하나의 관념이자 지식이 되니 이는 본인의 관에 포함됩니다.

만약 본인이 관과 같은 개념에 얽매이지 않고 오직 순수한 예술적 감성만을 표현한다고 믿는 예술가가 있다면 본인의 작품은 기존의 어떤 '~주의'나 '~이즘'과 같은 예술적 관법에 기대지 않은 어린아이의 순진무구한 그림과 같은 새로움이 가득할 것이나, 실제로 보면 그렇지 않은 경우가 더 많은 것 같습니다. 그 사람이 평소 공부한 기존의 예술이론, 기법, 다른 작가들의 작품에 대한 앎(직관적·선험적 앎을 포함한)이 대

개 본인의 관에 영향을 주고 있는 경우가 많기 때문이
겠지요.

보수와 진보에 대한 단상

　보수주의자 A는 자국을 바라볼 때 세계정세 속에서 자국이 어떤 위치에 놓여있는지를 늘 염두하며 국가의 위상, 국력을 우선적으로 중시하고 힘의 논리를 추종하는 경향이 있다.

　A는 국력을 뒷받침하는 데 있어 필수적인 경제, 국방, 안보를 위해 국민의 집단적 단결·단합의 당위성을 주장하며 국가 경쟁력을 중시하고 힘의 논리를 추종하는 탓에 타자와 사회적 약자에 대한 감수성이 좌파에 비해 상대적으로 부족할 가능성이 있다.

　경제에 있어서는 힘의 논리에 부합하는 경쟁을 선호하며 이 경쟁 시스템의 원활한 작동과 개인의 자유를 위해 정부는 시장에의 최소한의 개입과 간섭, 규제를 실천해야 할 당위가 있음을 강조하는 편이다.

　보수주의자 A는 대기업, 부유층과 같은 경제적 기득권층의 편의를 우선적으로 봐주는 것이 곧 그들에 의해 투자와 소비,

고용이 활성화됨으로써 결과적으로 사회경제 전체의 파이가 커짐에 따라 사회구성원이 누리게 되는 경제적 효용의 크기가 증가한다고 믿는 경향이 있다. 다시 말해 국가 경제를 이끄는 경제 기득권층의 이윤이 우선적으로 보장되어야 그들에 의한 투자와 고용, 소비가 활성화됨으로써 경제전체의 수준이 높아지고, 이 과정에서 자연스럽게 사회 전반적으로 국민의 살림살이가 나아져 간다는 논리를 추구한다고 볼 수 있는 것이다.

경제 기득권층의 이윤을 보장해주고 그들의 경제활동을 독려하기 위해 A는 부유층에 대한 세제혜택, 사실상 인건비 절감을 돕기 위한 비정규직의 대량 양산 허용, 규제 완화 혹은 철폐를 주장하게 되는 결과, A의 논리가 반영된 사회는 비정규직의 양산을 허용한 만큼 많은 사람들이 비현실적인 임금을 견뎌야 하는 비정규직에 종사하게 된다. 또한 경제 기득권층에 대한 세수가 줄어듦에 따라 세수 부족을 메우기 위해 다수의 서민들에게 교묘하게 세금을 부과하는 방안을 궁리하는 안타까운 상황이 발생하기도 한다.

힘의 논리를 추구하는 A의 관점에서 사회적 약자의 열악한 처지는 본인의 노력 부족, 게으름 탓으로 환원되기 쉽고, 복지는 A가 추구하는 힘의 논리, 경쟁에 그다지 어울리지 않는 성격의 것으로 간주될 수 있는 측면이 존재하다 보니 국민 누구나 누릴 수 있는 보편적 복지보다는 일부만을 선별하여 최소한에 그치는 제한적이고 선택적인 복지를 선호하는 경우가 있다.

게다가 복지에 대해서는 대개 복지병을 유발하고 거대정부로 향하게 되는 계기가 됨으로써 정부부처의 관료주의와 권위주의의 위험성이 도사릴 수 있으며 결과적으로 시장에 대한 정부의 개입과 간섭의 증가로 인한 개인의 자유가 침해당할 가능성이 존재할 수 있음을 우려하는 경향이 있다. 일부에서는 복지의 확대와 같은 정부의 역할과 비중의 확대가 필연적으로 전체주의 사회와 같은 예속의 길로 나아가는 여정이 되기 쉽다는 논리를 펴는 경우도 있다.

따라서 A의 논리가 주로 반영된 사회에서는 정책적으로 보장받는 풍부한 이윤만큼 경제 기득권층이 투자, 고용, 소비의 활성화를 위한 적극적인 노력을 하지 않으면 다수의 국민들은 열악한 복지와 비정규직의 저임금에 시달리며 삶의 질이 현저히 저하되기 쉽다.

(대기업과 부유층이 각종 세제혜택과 비정규직 제도로 인한 인건비를 절약하면서 확보하게 되는 어마어마한 이윤을 금고에 사실상 쌓아두면서도 늘 규제가 많아서 투자가 어렵다는 둥 세계경제가 불확실성이 많아 투자와 고용을 함부로 늘리기가 부담스럽다는 둥 앓는 소리를 내며 투자, 고용에는 소홀하

게 되는 경우, 정부는 사실상 경제 기득권층에 이윤을 몰아주는 신자유주의적 시스템의 효율성에 대해 다시 한 번 성찰하고 본래의 정책 의도대로 경제 기득권층이 투사와 고용에 적극적으로 나서도록 유도하기 위해 그들이 금고에 쌓아두는 어마어마한 이윤에 과세를 하는 것이 현명한 태도가 될 것이다.)

A는 대개 세계정세와 국가경쟁력에 시선이 향해있는 터라 사회 내부에서 주로 누가 경제적 과실을 누리게 되는지에 대한 관심이 부족하기 쉽고, 그 결과 발생하는 사회적 그늘에 대해서는 국가경쟁력과 위상을 드높이기 위해 감당해야 할 불가피한 현실쯤으로 치부하며 사실상 이를 방치하는 경향이 있다.

(보수정당이 선거 때마다 득표를 위해 복지를 주장하고 친서민을 주장하는 것들을 자세히 보면, 대개 그들이 선호하는 선별적 복지에 단지 그 예산을 조금 더 늘리는 수준의 생색내기용 내지는 선거가 끝나면 공약이행을 철회함으로서 단순한 정치적 수사이자 공허한 구호에 불과한 경우가 많다. 그러니 보수정당이 복지와 친서민을 이야기할 때는 단순히 친서민 이미지 확보를 위한 제스처는 아닌지 유권자의 지속적 감시가 필요하다고 본다.)

반면 진보주의자 B는 A에 비해 세계정세에서의 국가적 위상 같은 부분보다는 사회 내부의 개개인, 약자에 주로 시선이 향해있으며 그 결과 타자와 약자에 대한 감수성이 풍부하고 상대적으로 힘의 논리를 혐오하는 경향이 있다.

B는 A의 논리에 따라 발생하는 사회적 그늘을 직시하며 그 늘에 머무르는 사람들의 권익 증진을 위해 노력하면서 이러한 그늘을 방치하는 A를 비인간적이라 비난하는 경우가 있지만, 힘의 논리를 추구하며 세계정세에 주로 시선이 향해있는 A의 입장에서는 B의 태도를 세계정세의 냉정한 현실을 직시할 줄 모르는 순진함으로 바라보는 경우가 있다.

B는 사회 내부의 개개인과 약자에 주로 시선이 향해있는 터라 국민 누구나 누릴 수 있는 보편적 복지를 중시하며 다수의 서민들에게 우선적으로 이로울 수 있는 방향으로의 정책을 선호한다. 따라서 보편적 복지의 실현에 필요한 재정확보를 위해 경제 기득권층에 대한 증세를 추진하고 인건비 절약을 통해 경제 기득권층의 이윤을 보장해주는 비정규직에 반대한다. 또한 힘의 논리가 여과 없이 관철되기 쉬운 무분별한 경쟁과 시장논리의 맹목적 추구를 경계하면서 정부의 시장에의 적극적 개입과 규제를 선호하는 경향이 있다.

하지만 B는 힘의 논리를 혐오하는 경향이 있고 시장논리의 추구에 다소 소홀할 수 있는 탓에 경쟁의 생산성, 창조성, 역동성과 같은 경쟁의 순기능과 혁신을 촉진하는 기업가 정신과 같은 측면을 외면할 가능성이 있다. 만약 경제 기득권의 투자의욕을 저하시킬 만큼의 높은 과세와 경쟁 시스템에 대한 소홀함, 정부의 지나친 규제와 간섭을 허용하게 된다면 이는 곧 기업가 정신의 위축에 따른 혁신의 지연과 경제적 이윤 추구 동기의 약화로 인한 경제주체의 생산성의 저하로 이어져 결과적으로 경제성장에 부정적 결과를 야기할 가능성이 있다.

보수주의자 A의 힘의 논리의 추구와 국가경쟁력을 높이기 위한 국민의 집단적 단결에의 강조의 측면으로 지나치게 치우치게 되면 전체주의로 향할 가능성이 서서히 싹트게 될 것이고, 진보주의자 B의 다수 서민들의 이해관계를 우선적으로 증진시키고 이를 관철시키기 위한 정부 개입의 확대와 시장 논리, 경쟁 추구에 대한 소홀함의 측면으로 지나치게 치우치게 되면 공산주의로 향하게 될 가능성이 서서히 싹트게 될 것이다.

전체주의와 공산주의는 서로 그 출발 동기는 달랐으나 둘 다 인간의 더 나은 삶과 성숙에 있어서 치명적인 해로움이 존재하는 노예적 체제라는 사실은 현대사를 조금만 공부해보면 쉽게 알 수 있다.

가십에 대한 단상

가십의 주인공은 대개 사회적 지위나 배경 혹은 능력이 화려하다. 화려한 만큼 그에 비례하여 많은 사람들의 관심과 주목을 받게 되고, 그들의 이야기는 그 사회의 보편적 이야기 소재로서 두루 활용되곤 한다.

가십의 주인공들의 화려함은 일부 선천적으로 월등히 타고난 재능 혹은 집안배경을 바탕으로 순조롭게 누리는 경우도 있겠으나 대개는 본인의 후천적 노력과 우호적인 상황적 흐름이 만나 우여곡절 끝에 현재의 화려함을 누리게 된 경우가 훨씬 더 많다고 본다.

가십은 그 주인공이 평소 추구하는 연속적인 선택의 과정에서 발생되는 우호적 혹은 중립적인 성격의 것과 상황적 불운과 같은 여러 요인으로 인해 평소 추구하는 연속적인 선택과는 상반된 불연속적인 선택에서 비롯된 비우호적인 성격의 것으로 구분해볼 수 있을 것이다.

가십 주인공의 입장에서 보면 우호적 성격의 것은 많은 사람들의 입에 오르내릴수록 본인의 평판과 행보에 긍정적 영향을 주게 됨으로써 평소 본인의 노력에 대한 보상으로 기쁘게 즐길 수 있을 테지만, 비우호적인 성격의 것은 그 내용이 안타까울수록 본인의 평판과 행보에 부정적인 영향을 줄 수 있을 것이다.

비우호적인 가십으로 인해 힘들어하는 당사자는 자숙의 기간 동안 의연함을 견지하며 성찰을 통해 더 깊어지고 성숙해짐으로써 앞으로의 연속적인 선택의 추구에 있어 보다 더 신중하고 현명해질 수 있을 것이다. 가십에는 그 주인공의 열정과 땀이 서려 있다. 열정과 땀이 없었다면 그는 오늘날 가십의 주인공이 되기 어려웠을 것이다.

주인공의 입장에서는 단 한 번의 가십으로 인해 수십 년간 쌓아올린 노력의 결실을 위협받게 되는 안타까운 상황에 처하게 될 가능성이 있을지도 모르나, 그의 실존적 고뇌와는 상관없이 많은 사람들은 그저 그가 어렵사리 주인공이 되어 우연적으로 생산하게 된 가십을 두고 시간 때우기용으로 가볍게 떠들어대고 말 가능성이 높다.

주인공의 삶에 큰 변화를 안겨다줄 수 있는 가십일수록 그 효용가치는 비례하여 높아짐으로써 보다 널리 회자된다.

지금 이 순간에도 많은 주인공에게 실존적 고뇌를 안겨줄 수 있는 많은 가십들이 양산되고 있을지 모른다. 가십이 풍부하게 나돌수록 이를 재료로 보다 많은 사람들이 누군가와의 대화를 지루하지 않게 오랫동안 이어나갈 수 있겠으나 그 수많은 대화의 즐거움을 위해 가십의 주인공들은 그늘에서 앞으로의 삶에 대해 염려하며 슬픔과 고뇌를 홀로 견디고 있을지도 모른다.

질투에 대한 단상

　질투는 본인이 스스로 부족함을 느끼는 부분이나 은근히 누리길 바라는 바를 누군가가 본인보다 우월하게 누리고 있다는 사실을 인지하게 되었을 때 흔히 느끼는 자연스런 감정이라 볼 수 있다.

　많은 사람들이 일반적으로 부족함을 느끼는 것이거나 더 누리기를 바라는 것을 보다 우월하게 누리는 사람일수록 질투의 대상이 되기 쉽다. 물론 그 우월함의 수준이 상대적인 비교가 무색해질 정도로 지나치게 월등해져 버리면 오히려 질투보다는 동경과 선망의 대상이 되기도 하니 재밌는 현상이다.

　나의 개인적인 관찰에 의하면 많은 주위 사람들의 질투의 대상이 되는 사람일수록 본인 또한 다른 사람에 대해 쉽게 질투하게 되는 상황에 자주 직면하는 것 같다. 즉, 질투의 대상이 될수록 질투에 대한 민감도가 더 높아져간다고도 볼 수 있겠다.

많은 사람들의 질투를 받기 쉬운 사람일수록 대개 그 사람은 아무런 아쉬움이 없어 보여 질투와는 무관해 보일지 모르나, 그런 사람일수록 오히려 더 질투에 대해 민감해지기 쉽다. 사소한 일에 대해서도 쉽게 질투할 수 있으며 가령 사회적 부와 명예, 성공을 성취하여 많은 주위 사람들의 질투의 대상이 되고 있는 경우 질투에 대한 민감도는 높아져 있기에 본인이 스스로 부족함을 느끼는 부분, 예를 들어 부부관계라든지 혹은 지극히 사적인 부분과 관련하여 다른 사람에게 쉽게 질투심을 느낄 수 있다.

질투를 하는 사람도 질투의 대상이 되는 사람도 둘 다 질투로 인해 고뇌를 느끼기 쉬우니 질투가 느껴질 때면 이를 너그러이 관찰하며 본인이 부족함을 느끼는 부분과 더 누리기를 바라는 부분이 더 나아질 수 있도록 스스로 노력하는 것이 질투에 대한 현명한 접근이 되지 않을까.

쉽게 들뜬다는 것

쉽게 들뜬다는 것은 들뜨게 만드는 대상에 대한 집착으로부터 자유롭기 어려운 상황에 놓여있음을 나타내주는 경우가 많다.

이는 곧 그 집착의 대상의 일부만을 바라본 채 그 이면까지 온전히 직시하지 못하고 있다는 것을 의미하기도 한다. 여기서 이면을 알고 있어도 그 이면에 대해 얼마나 체감적으로 직시하고 있느냐의 정도가 중요할 것이다.

누군가가 집착하게 하는 유혹적인 단면 외의 다른 이면까지 얼마나 균형 있게 파악하고 있는가를 알고 싶다면 그 사람이 유혹의 대상 앞에서 얼마나 차분한지를 살펴보면 된다.

통찰과 경험이 깊어질수록 쉽게 들뜨기보다는 대개 차분해지려 노력하기 마련이다.

차분함은 냉철한 판단에 유익하며 냉철한 판단의 점철은 당연히 본인의 삶에 많은 이로움을 가져다줄 것이 분명하다.

(물론 불필요한 집착에서 비롯되기 쉬운 들뜸과 본인이 추구하는 바에 대한 열정은 당연히 구분되어야 마땅하다. 이 글에서는 전자를 다루고 있다.)

직무수행에 관한 단상

　사회적 직위에 대해서는 으레 그 직위에 걸맞은 직무수행에 관한 일반적인 기대가 존재한다.

　직무의 수행은 본질적 측면과 지엽적 측면으로 구분해볼 수 있을 것이다. 본질적 측면은 그 직위와 관련된 업무를 떠올렸을 때 가장 먼저 연상되는 부분으로서 그 직위의 근본적인 존재의미를 규정짓는 부분으로 볼 수 있고, 지엽적 측면은 본질적 측면 외의 부차적으로 연상되는 부분으로 직위의 존재의 미에 있어 상대적으로 작은 비중을 차지하는 부분으로 간주해볼 수 있다.

　맛있는 빵을 위해 늘 연구하고 노력하는 까칠한 제빵사 A에게 빵의 질과 맛은 직위수행의 본질적 측면이요, 친절한 서비스와 실내장식과 같은 부분은 지엽적 측면으로 볼 수 있을 것이다. A가 빵의 맛과 질 즉, 본질적 측면의 수준을 높여갈수록 지엽적 측면은 그에 비해 상대적으로 뒤처진다 하여도 이를 크게 나무라는 이는 드물 것이다(물론 지엽적인 측면에서 발생된 부정적 영향이 너무 지나치게 되면 본질적인 측면의 효용을 뒤흔들게 되는 경우도 간혹 있다).

본질적 측면이 우수할수록 부족한 지엽적 측면에 대해서는 처음엔 서운해하거나 실망감을 느낄 수도 있으나 으레 본질적 측면의 우수함이 이를 따뜻하게 다독여줌으로써 상대방으로 하여금 부족한 지엽적인 측면을 배려하고 이해하게끔 하는 방향으로 자연스럽게 유도하게 된다. 가령 '그 사람 원래 좀 괴팍하잖아. 강단 있고 개성 있지, 뭘.' 하는 식으로 말이다.

반면 본인 스스로가 본질적 측면에의 능력부족과 이를 향상시키고자 하는 열정이 부족한 제빵사 B가 이를 상쇄하고자 지엽적인 측면에 지나치게 매달리게 되면 처음엔 세련된 인테리어와 친절한 태도에 반해 빵집을 찾는 사람들이 일시적으로 늘어날지 모르나 안타깝게도 본질적 측면에 소홀한 제빵사의 빵집은 6개월을 넘기기 어려울 가능성이 높다.

차라리 까칠한 A처럼 본질적 측면과 지엽적 측면 모두를 돌볼 여유가 아쉬운 경우라면 본질적 측면에 집중함으로써 처음엔 까칠한 그의 태도에 원망과 섭섭함을 느끼는 고객들이 빵맛에 반해 결국 그의 까칠함을 개성으로 존중하며 계속 그 빵집을 찾게 되는 상황이 더 나을 것이다.

너무나 당연한 이야기지만 사람들이 빵집을 찾는 주된 이유는 빵을 먹기 위해서지, 제빵사의 친절한 미소를 보기 위한 것은 아니니 말이다.

육체노동의 유익함

육체노동은 대개 지루하기 쉽고 장시간 지속될수록 체력적으로 피곤함을 유발한다. 그렇지만 그 피로감만큼 뿌듯함과 더불어 노동환경이 열악하지만 않다면 쾌활함도 느낄 수 있다.

현재 정신적 스트레스로 고통 받는 경우 육체노동은 스트레스를 유발하고 있는 골칫거리에 향해있는 관심을 눈앞의 육체노동의 대상으로 상당 부분 자연스레 전환시켜줌으로써 정신적 스트레스를 육체적 고됨으로 대신 느끼게 만드는 효과가 있다.

육체노동이 고되면 고될수록 현재의 관심사는 골칫거리와 같은 정신적 차원에서 벗어나 휴식과 달콤한 간식 등을 바라는 육체적 차원의 것으로 향하게 됨으로써 설사 육체적 피로감에 짜증이 나더라도 잠깐의 휴식과 으레 제공되는 간식에서 느끼는 행복감이 정신적 스트레스를 견디는 데 적지 않은 유익함을 제공한다.

게다가 안락한 생활에 익숙해져 웬만한 즐거운 일에도 별다른 감흥을 느끼지 못하는 경우 육체노동을 통해 소소한 행복을 느낌으로써 행복에 대한 자극점을 다시 민감하게 해줄 것이다. 행복에 대한 자극점이 민감해질수록 그만큼 작은 즐거운 일에도 쉽게 기쁨을 느낄 수 있다.

현재 정신적 차원의 문제로 너무 힘들다면 일과 중 일부를 육체노동에 안배하여 정신적 차원에 집중된 관심을 자연스레 육체적 차원으로 향하게끔 하는 것은 매우 현명한 태도다.

육체노동을 통해 돈도 벌고 정신적 스트레스에서 잠시나마 벗어나며 지식인의 경우 본인의 견해가 얼마나 추상적이고 공허한지 혹은 얼마나 현실에 부합한지를 몸소 느끼게 되는 계기가 되기도 하니, 일과 중 적당한 육체노동에의 안배는 여러모로 유익하다.

서양 현대미술은 철학의 전쟁터다

    서양 현대미술의 아버지라 일컬어지는 세잔 이후 서양미술 (특히 회화)은 '얼마나 아름답게 정밀하게 묘사하는가'의 정도가 그 작품의 수준을 규정하는 단계에서 벗어나 그 작품의 표현방식이 얼마나 기존의 작품들과 차별화되었는지 즉, 하나의 작품은 해당 화가의 예술에 대한 관을 표현한 것이니 그 화가의 관이 얼마나 기존의 이론, 지식, 기법과 비교하여 진일보한 혹은 독창성이 있는 것인지에 따라 그 작품의 수준이 결정된다.

    현대미술은 사실상 작품이 얼마나 아름다운지를 두고 경쟁하는 무대가 아닌 그 표현 이면의 작가의 관이 얼마나 세련되고 독창적인지를 두고 경쟁하는 즉, 작품은 곧 그 작가의 '관'이 구현된 하나의 '철학적 텍스트'요, 그 텍스트의 세련됨과 독창성이 그 작품의 수준을 결정짓는 경향이 있다.

    철학의 빈곤, 독창성이 부족한 관을 지닌 작가는 그 작품이 아무리 보편적인 아름다움을 지니고 있다 하더라도 그것은 일부 예술에 문외한인 그림 애호가의 눈길을 끌 수 있을지는 모르나 시양미술의 흐름을 직시하는 예술 감상자나 주류 비평가의 눈에 들기는 사실상 어렵다고 본다.

기법의 단련뿐만 아니라 자기만의 독창적 관을 위해 열심히 공부하는 작가만이 서양 미술사에 기록되는 대가의 영광을 누릴 수 있다.

예) '표면의 질감이 ~해야 한다', '구도는 ~해야 한다', '색채는 ~해야 한다' 등의 한 예술가의 바탕지식13)을 이루는 예술과 관련한 이론, 기법적 지식, 관념들이 그 예술가의 관에 포함된다. 기존의 이론, 관념이 개척하지 못한 미개척지, 진일보할 수 있는 영역을 성공적으로 개척하는 자가 '대가'가 된다. 세잔의 사과, 야수파의 마티스, 큐비즘의 피카소, 추상의 칸딘스키처럼……

---

13) 『일상철학』 1권 참조.

자극의 간극

비정규 직원 A는 평소 비정규직으로서의 애환이 많다.

낮은 임금과 열악한 복리후생 그리고 계약직인 탓에 늘 정기적으로 고용불안에 시달리는 그는 같은 회사에 근무하는 비정규직 B와 휴식시간에 커피 한잔하며 서로의 처지에 대해 이야기를 나누는 것에서 작은 즐거움과 위안을 느낀다. A는 비슷한 처지의 B가 일상에서 체험하는 자극과 비슷한 자극을 본인의 일상에서 느끼며 사는지라 B의 이야기에서 충분한 감흥과 흥미를 느끼기 쉬우며 따라서 그와의 대화는 대부분 화기애애하다.

어느 날 A는 평소의 성실함을 인정받아 부장의 추천으로 홀로 정규직 전환에 성공하게 된다. B는 A가 정규직 사원이 된 데 진심으로 축하를 하고 A가 정규직 전환이 된 이후로도 둘은 서로 휴식시간에 커피 한잔하며 예전처럼 이야기를 나눈다.

하지만 시간이 지나자 친절한 A는 B의 이야기에 예전처럼 맞장구를 쳐주긴 하지만 내심 B의 일상에 대한 이야기에는 예전만큼 흥미를 느끼지 못한 채 그저 형식적인 맞장구만을 치며 다른 화제로 전환하려 애쓰는 본인의 모습을 관찰하게 된다. 정규직 전환 이후 A가 일상에서 주로 체험하는 자극과 B가 일상에서 체험하는 자극 사이에는 어느덧 무시할 수 없는 간극이 발생하여 B의 이야기는 이제 예전만큼 A에게 충분히 흥미롭지 않은 까닭이다.

반면 A는 과거에는 시샘의 대상이었으나 지금은 같은 정규직 동료인 C의 일상 이야기에서 예전과는 다른 큰 감흥을 느끼기 시작한다. 따라서 A는 바쁘다는 핑계를 대며 별 감흥이 느껴지지 않는 B와의 대화의 순간을 피하려 하는 반면, C와는 더 많은 시간을 함께 보내며 대화를 나누려 한다.

어느덧 세월이 많이 흘러 A는 임원 승진에 성공하여 많은 부하직원들을 리드하는 위치에 서게 된다. A는 가끔 지금은 연락이 잘 되지 않는 B와 현재 창업에 성공하여 회사에 존재하지 않는 C와의 과거 화기애애했던 대화를 감상적으로 회상하곤 한다. 이따금씩 회사 휴게실에서 마주치는 사원들의 대화에서는 과거 C와의 대화에서만큼 큰 감흥을 느끼지 못해 결국 꼰대처럼 일방적인 일장연설을 늘어놓는 본인의 모습을 자주 발견하게 된다.

A는 한편으로는 격세지감을 느끼며 '이것이 소위 말하는 세대차이인가' 하며 씁쓸해하면서도 도무지 사원들의 이야기에는 별다른 감흥을 느낄 수 없는 현재의 상황에 대해 아쉬워한다.

이 경우 A가 현재 나이가 든 탓도 있겠으나 보다 근본적인 이유는 사원들이 일상에서 흔히 체험하는 자극과 본인이 체험하는 자극 사이에 큰 간극이 발생했기 때문이리라. 만약 A가 진급에 미련 없는 만년대리나 과장이었다면 현재만큼 사원들의 대화에 별다른 감흥을 느끼는 데 어려움을 호소하지는 않으리라.

일상에서 체험하는 자극이 다른 사람과 비교했을 때 그 간극이 커지는 만큼 상대방에 대해 감흥을 덜 느낀 채 따분해하기 쉽고 간극이 좁아지는 만큼 상대방에 대해 자연스럽게 흥미를 느끼게 되는 듯하다.

성숙한 사람은 본인의 처지가 나아짐에 따라 자연스럽게 발생하는 체험적 자극에서의 간극 차이에 아랑곳하지 않고 겸허함을 견지하려 노력하지만, 그렇지 못한 안타까운 경우는 간극의 크기에 비례하여 느껴질 수 있는 따분함과 지루함을 노골적으로 본인의 말과 행동으로 표현하게 되는 것이 아닐까.

순진하고 귀여워 보일지라도

    유치원에 다니는 A는 친구와 싸우지 않고 떼쓰지 않는 것이 착하고 좋은 것이란 걸 부모와 선생님의 반응을 통해 알아차리게 된다.

    중학생 B는 공부를 열심히 하여 가급적 높은 성적을 거두는 것이 착하고 좋은 것이란 걸 경험적으로 안다.

    대학생 C는 좋은 직장에 취업하기 위해 다양한 스펙을 쌓으며 대학생활을 알차게 보내는 것이 좋은 것이란 걸 안다.

    B는 A가 친구들과 사이좋게 지내며 부모와 선생님께 고분고분한 스스로에 대해 뿌듯해하며 우쭐해하는 모습을 보며 귀여워한다.

    C는 B가 높은 성적을 거두기 위해 열심히 공부하며 스스로 뿌듯해하는 모습을 보며 대견스럽고 귀엽게 바라본다.

    중학생은 안다. 유치원생이 마냥 친구와 사이좋게 어울리고 고분고분한 것만으로 혼자 뿌듯해하는 것은 귀엽다는 것을. 대학생은 안다. 중학생이 높은 학업성적을 거두기 위해 이것이 전부인 양 그저 열심히 공부만 하는 것으로 혼자 뿌듯해하는 것은 귀엽다는 것을. 어쩌면 사회인이 보기엔 대학생의 열정도 비슷한 맥락에서 마냥 귀엽게 보일 수 있을 것이다.

하지만 사회인의 경우도 이러한 맥락에서 예외일 순 없다. 직장인의 경우라면 사원이 본인의 직무에 열정적으로 임하며 스스로 뿌듯해하는 모습을 두고 임원이 흐뭇하고 귀엽게 바라볼 수도 있을 것이다.

중요한 것은 본인의 위치에서 무엇이 본인의 더 나은 삶과 성숙에 유익한 올바른 길인가를 알아차리고 이를 의연히 추구하고자 하는 확고한 태도이다. 이 확고한 태도는 비록 남들이 보기엔 순진하고 귀엽게 보일지라도 중학생은 우수한 모범생으로 거듭나게 할 것이고, 대학생은 훌륭한 사회인으로 거듭나게 할 것이며, 더 나아가 훌륭한 사회인으로서 멋진 발자취를 남길 수 있게 될 가능성이 높아져 다른 이에게 좋은 귀감이 될 수 있음과 더불어 사회에 유익한 기여를 할 수 있을 것이다.

야옹국의 무상급식

야옹국에서는 최근 무상급식을 두고 논쟁이 한창이다. 부자, 빈자 가릴 것 없이 학교에서 공부하는 아기고양이에게는 모두 무상으로 급식을 주자는 것이다.

힘의 논리를 추구하며 시장논리를 선호하는 우파 고양이들은 보편적 복지를 싫어하고 선택적 복지를 선호하는 탓에 '가뜩이나 예산도 부족한데 왜 부잣집 고양이들에게까지 급식을 공짜로 줘야 하나. 차라리 그 돈을 절약해서 가난한 집 고양이 교육비를 지원하는 등 더 나은 곳에 효율적으로 예산을 사용하자.'고 주장한다.

반면 힘의 논리와 시장논리의 맹목적 추구를 혐오하는 경향이 있으며 약자에 대한 감수성이 풍부한 좌파 고양이들은 보편적 복지를 선호하는 까닭에 '사회적 약자를 배려해야 한다. 가난을 증명해야만 무상으로 급식을 먹을 수 있는 현실 앞에 가난한 집 아기고양이들이 얼마나 상처가 크겠느냐. 평소

성과가 의심스런 이상한 국책사업에 어마어마하게 퍼부을 돈 조금만 아끼면 예산 걱정은 할 필요가 없다.'고 주장한다.

이 무상급식 논쟁은 겉으로만 보면 예산 부족을 걱정하는 우파와 약자에 대한 배려와 감수성을 중시하는 좌파의 논쟁으로 보일 수 있지만, 이 쟁점의 이면에는 우파와 좌파의 복지에 대한 '추세의 헤게모니' 다툼이 존재한다.

사실 무상급식 자체는 전체 교육예산에서 현재와 같은 격렬한 논쟁을 벌일 만큼의 그리 큰 비중을 차지하지 않지만 무상급식이 보편화되면 보편적 복지에 대한 추세에 힘이 실림으로써 이를 기점으로 다른 부문에서의 보편적 복지의 시행도 관철시키는 추진력을 얻을까 봐 우파 고양이들은 두려운 것이다.

우파 고양이 입장에서는 무상복지는 얼마든지 다른 사안에서의 좌파 고양이들의 양보를 얻어내기 위해 기꺼이 양보 가능한 정치적 협상카드로써 활용 가능한 부문일 수도 있겠으나 동시에 거부감을 감출 수 없는 보편적 복지로 나아가는 여정의 시발점이 될까 봐 끊임없이 고민한다.

무상급식 논쟁은 예산과 어린 고양이의 감수성을 명분으로 벌이는 우파와 좌파의 복지의 '추세 헤게모니' 다툼이니, 사안의 비중에 비해 늘 지나친 논쟁이 발생한다.

임금착취보다 더 무서운 것

　평범한 직장인은 본인이 일한 시간, 거둔 성과가 임금에 얼마나 반영되고 있나 신경 쓰며 눈앞의 진급에 주로 골몰하기 쉽고, 현명한 직장인은 본인의 하루 중 얼마만큼의 시간을 회사를 위해 할애하고 있는지를 고려하며 이것이 과연 본인의 더 나은 삶과 성숙의 추구에 있어 얼마나 유익한 기여를 하는가를 늘 고려한다.

　사실 직장인에게 있어 임금착취보다 더 무서운 것은 회사 일 외에 삶의 다른 부문에 신경 쓸 여유가 부족하도록 과로하여 지치게 만드는 '여유의 착취'이다. 이러한 여유의 착취 기간이 길어질수록 본인의 더 나은 삶과 성숙에의 추구는 교묘히 방해받기 쉽다.

　무엇을 위한 직장생활인가에 대한 고민 없이 단순한 먹고사니즘만을 위한 직장생활은 수단인 돈을 목적으로 착각하거나 그저 순간의 즐거움만을 좇으며 사는 한없이 가벼운 존재로 스스로를 몰고 가기 쉽다.

아무리 주위에서 먹고사니즘으로 힘들어한다 하더라도 본인마저 마냥 먹고사니즘과 감각적 즐거움만을 위해 살아간다면 본인 스스로에게 왠지 미안하고 또 서글프지 않을까?

내용과 형식

　표현에의 욕망은 내용을 창출하고 내용이 거듭 창출됨에 따라 표현에 있어서의 요령과 노하우가 생긴다.

　이 요령과 노하우가 쌓여 어느 정도 체계를 이루게 되면 이는 형식이 되어 내용을 다듬고 정돈하는 역할을 한다. 하지만 시간이 지나면서 형식은 표현에 있어서의 요령과 노하우를 조언해주는 처음의 역할을 넘어 내용이 반드시 지켜야 할 '기준'으로 군림하게 되고, 어떤 내용을 판단할 때에 내용이 무엇인가를 고려하기 전에 그 내용이 형식이 요구하는 바를 제대로 따르고 있는지를 우선적으로 고려하는 안타까운 상황이 발생하게 된다.

　따라서 내용은 형식에 의해 표현의 자유분방함, 야성이 제약을 받게 될 가능성이 높으며 형식이 처음부터 내용을 끌고 가게 됨으로써 표현하고자 하는 순수한 본질을 인위적으로 훼손케 하는 상황이 발생하기도 한다.

형식의 애초의 존재의미는 내용의 더 나은 표현을 위한 규칙이자 틀이다. 형식은 내용을 좀 더 잘 표현해내기 위한 현명한 조언을 해주는 역할에 머물러야지 그 이상의 지나친 내용에의 참견은 내용의 진부함을 야기함과 더불어 변화하는 시대에 걸맞은 내용상의 혁신을 위협하며 외형상의 번드르르한 형식미가 박제된 진부한 내용을 위로하는 안타까운 현상이 만연하기 쉽다.

이러한 경우 기존의 낡은 형식에 반발하는 내용의 혁신을 추구하는 아방가르드 세력이 존재하기 마련이며 이들에 의해 기존의 형식은 개선을 도모하는 데 성공하기도 하지만, 만약 기존의 형식이 너무 낡아 점진적 개선만으로는 더 이상 시대에 걸맞은 새로운 내용의 혁신을 담기 어렵다면 기존의 형식을 거부한 새로운 내용의 혁신에 걸맞은 전위적인 형식이 탄생하게 된다.

이 새로운 전위적 형식은 주류화되는 과정에서 형식의 존재의미를 왜곡하는 어리석은 자들에 의해 또다시 서서히 내용을 옭아매는 기준으로 군림하게 됨으로써 또 다른 내용상의 진부함을 반복하게 만드는 불행의 씨앗을 남기기 쉽다.

오직 눈앞의 현상에 압도당하지 않고 냉철하게 그것의 존재의미와 본질을 통찰하고 그에 따른 현명한 선택을 내릴 수 있는 용기를 가진 자만이 형식의 껍데기에 사로잡힌 채 혁신

을 가로막고 진부함의 늪에 허우적거리는 어리석음을 피할
수 있다.[14)]

---

14) 이 글은 저자의 스승님이신 현일 박재봉 님의 글에서 모티프를 얻은 것
이다. 관심 있으신 분께 『하늘공부』 1, 2, 3, 『제라울』 책 일독을 추천해
드린다.

비록 뭐가 묻었을지라도

주변 사람과 일상의 소소하고도 친근한 관계를 중시하고 가급적 많은 사람과 안면을 트기 위해 많은 모임과 행사에 참여하며 끈끈한 인맥을 유지하려는 A는 평소 본인의 인맥을 하나의 든든한 자산으로 여기곤 한다.

인맥만 있으면 안 되는 것도 되게 되어있다며 늘 거들먹거리는 그가 어느 날 술자리에서 고위공직자들의 학연·지연을 매개로 끼리끼리 챙겨주는 세태를 소리 높여 비판한다. 그러자 B는 A에게 "야, 너 평소에 인맥 들먹일 때는 언제고 너는 저 사람들을 비난할 자격이 있는 거냐? 저 사람들도 자기들끼리 학연, 지연을 핑계 삼아 친목을 다지는 게 그 사람들 입장에서는 사회생활이요, 인맥관리 아니겠니. 네가 만약 고위공직자가 된다면 과연 저 사람들과 얼마나 다른 모습을 보일 것 같냐?"고 면박을 준다.

그러자 A는 잠시 당황하였으나 곧 침착하게 B에게 다음과 같이 대꾸한다. "한국에서 인맥관리에 소홀해서는 사회생활이 조금 불편해질 수 있겠지. 그래서 내가 이렇게 인맥을 중시하는 거고. 만약 내가 고위공직자가 된다 하더라도 위로 갈수록 인맥의 중요성은 더욱 피부로 와 닿게 되는 법이니 더 인맥관리에 노력하게 될 가능성이 높아질 거야. 그러다 보면 어느새 끼리끼리 챙겨주기 문화에 자연스레 가까워질 수 있겠지.

그럴 경우 여기서 비롯되는 이익과 폐단에 대한 책임은 모두 내가 감당해야 하는 몫이 될 것이고, 당연히 그때 너는 이 사회의 시민으로서 나를 욕하게 되겠지. 비록 내가 현재 고위공직자들처럼 인맥에 집착한다 할지라도 나는 이 사회의 시민으로서 당연히 끼리끼리 챙겨주는 고위공직자들에서 비롯되는 폐단에 대해 나는 그들에게 욕을 하고 비난을 해야 마땅해."

그러자 술자리에 동석한 C가 대답했다. "그래, A의 말에 일리가 있다. 뭐 묻은 사람은 본인의 더러움에 위축되어 뭐 묻은 사람을 이해하고 같이 더 더러워질 것이 아니라 본인의 더러움을 줄이려고 노력하면서 동시에 뭐 묻은 상대방이 더 더러워지는 것을 우려하며 그의 더러움을 비난해야 할 당위가 있지. 뭐 묻은 사람을 비난하기에는 기왕이면 깨끗한 사람이면 좋겠지만 그렇지 못한 경우라도 얼마든지 본인의 더러움을 부끄러워하며 뭐 묻은 사람을 비난해야 해. 그래야 뭐 묻은 걸

서로 부끄러워하며 일상화된 더러움이 조금씩 완화되는 것이
아닐까."

쉽게 간과할 수 있는 것

　평소 '왜 정부는 세금을 많이 부과해서 복지를 두텁게 하려 하는가'라고 주장하는 A는 세율을 높여 복지를 두텁게 해선 곤란하다는 주장의 근거로 다음과 같은 이야기를 한다.

　세금이 지나치게 많이 부과되면 근로, 투자 의욕이 감퇴될 수 있고 래퍼곡선에 근거하여 볼 때도 오히려 전체 세수가 급감할 수 있다. 또한 외국투자자본의 이탈 가속화 및 신규투자 유입 감소, 정부의 역할이 커짐에 따른 관료주의 및 개인의 자유 침해 가능성, 복지병의 만연 등을 이야기한다.

　A의 합리적으로 보이는 근거 제시에 의해 많은 사람들이 A의 주장에 수긍하기도 하지만 여기서 한 가지 간과하기 쉬운 부분이 있다. A는 현재 정부를 포함하여 다른 사람에게 금전적인 이유로 아쉬운 소리를 하지 않아도 될 만큼 풍족한 삶을 누리고 있다는 사실이다. 만약 A가 경제적으로 궁핍하여 정부의 지원이 절실하다면 위의 경우처럼 래퍼곡선과 개인의

자유 침해 가능성을 느긋하게 운운하기는 어려울 것이다.

노동자 B가 있다. 그는 회사의 비인간적인 부당한 대우를 견디다 못해 동료들과 함께 대화가 통하지 않는 회사 측 경영진을 상대로 투쟁을 벌인다. B를 포함한 노동자들의 격렬하고 비장한 투쟁의 모습을 우연히 길을 가다가 목격한 C는 '노동자의 투쟁은 왜 꼭 저렇게 거칠고 보기에 눈살이 찌푸려질 만큼 과격한 걸까. 민주화된 지가 언젠데 아직도 저렇게까지 해야 하나.' 라고 생각한다.

하지만 여기서 C는 간과한 것이 있다. 회사 경영진은 노동자들의 주장을 무시한 채 느긋하게 버틸 만큼의 풍부한 돈과 시간적 여유 그리고 일류 법률가들로 포진한 로펌이 뒤를 봐주는 한편 B를 포함한 노동자는 한 달 월급만 밀려도 대개 생계가 급격히 어려워진다. 투쟁에 나서는 노동자는 금전적·시간적 여유가 현저히 부족한 경우가 많기에 그 조급하고 절박한 모습이 제3자가 봤을 때는 미학적으로 전혀 세련될 수가 없는 것이다. 반면 금전적·시간적 여유가 있는 사측은 느긋하고 품위 유지가 가능하며 제3자가 봤을 때에도 우아하면서 안정적으로 보일 수 있게 된다.

화가지망생 A와 B

화가지망생 A는 그림 서적에 나온 색채에 대한 이론을 공부한다. 화가지망생 B는 책에 나온 이론을 공부하며 그 이론들을 바탕으로 책에서 아직 다루지 않는 색채에 대한 깊이 있는 탐구를 하려 밤늦게까지 색채를 이리 섞고 저리 섞으며 다양한 실험을 한다. 그리고 기존의 화가들이 아직 다루지 않은 새로운 기법과 양식이 무엇인지 늘 모색하고 인문학 서적들을 탐독하며 본인만의 독창적 관법을 형성해가려는 노력을 한다.

A는 잠이 부족해 다크서클이 진한 B를 보며 '왜 저렇게 극성스럽게 오버를 하지? 꼭 저렇게까지 티를 내야 하나?'라고 혀를 찬다. 하지만 B의 극성스럽게 보이기도 하는 그 모습 이면에는 회화의 대가가 되기 위한 확고한 태도가 있다. 확고한 태도가 그로 하여금 잠이 부족할 만큼의 노력을 하게끔 독려하며 잠재력을 가능성으로 끌어올려줌으로써 그는 서서히 대

가를 향해 나아가는 것이다.

학교 졸업 후 A는 현재 유행하는 자유구상주의 양식에 매료되어 그 양식 안에서 자신만의 개성을 표현한다. A는 본인의 작품에 나름의 심오한 의미를 부여하지만 사실 그의 작품과 동시대 여러 자유구상주 화가들의 작품 사이에는 심오한 설명이 곁들어지지 않는 이상 예술 감상자가 언뜻 보기에는 큰 차이가 없어 보인다. 그저 유행하는 자유구상의 화풍에 기대어 거기에다 그저 자기만의 색깔을 조금 가미한 것일 뿐, 모두 자유구상의 냄비 안에서 놀고 있는 것이다.

반면 B는 철학책을 한 장 한 장 떼어내어 하나의 캔버스로 만든 것을 '텍스트-캔버스'라 명명한 뒤 이 위에 회화를 표현하기 시작한다. 즉, 본인이 표현하고자 하는 주제와 관련한 철학책을 선택한 후 이를 한 장 한 장 떼어내어 텍스트-캔버스로 변환한 후 이 위에 본인의 탄탄한 색채연구를 바탕으로 고안해낸 색채의 아름다운 조화가 돋보이는 '보색-반보색(B가 명명한 색채표현법)' 기법의 그림을 그려낸다.

B의 그림에는 많은 자유구상주의 화가들의 서로 비슷해 보이는 작품들 사이에서 차별화하기 위해 반드시 첨부해야만 하는 길고 현학적인 작품설명이 불필요하다. 그의 회화에 대한 설명은 이미 텍스트-캔버스가 충실히 수행하고 있기 때문이다. 게다가 B의 작품은 보색-반보색 풍의 시각적 아름다움

이 더해져 감상자에게 마치 인상주의 작품을 볼 때처럼 즐겁고 편안한 감상의 즐거움까지 제공한다.

하지만 주류 평론가들은 유행하는 자유구상주의 양식 안에서 회화를 표현하는 A의 작품은 진지하게 조명해주는 반면 너무나 생소한 B의 작품에는 낯설어하며 떨떠름한 반응을 보인다. 심지어 몇몇 까다로운 평론가들은 B의 작품을 두고 '책에 대한 반달리즘'이니, 기존의 색채이론과 다르다는 이유로 '색채에 대한 완전한 무지'라는 둥의 혹평을 가하기도 한다.

시간이 흐르자 A는 여전히 자유구상 양식을 고수하지만 다른 자유구상주의 화가들과 크게 차별화되지 않는 그의 작품은 자유구상 양식에 대한 미술계의 관심이 서서히 사그라들자 이와 동시에 A에 대한 관심도 급격히 감소하기 시작했다. 반면 B는 대가가 되기 위한 확고한 태도 아래 묵묵히 본인만의 독창적 표현방식을 고수해나가자 새로운 표현과 양식에 굶주린 비평가들과 예술 감상자들의 관심을 끌게 된다. B는 작품설명이 불필요한 텍스트-캔버스 양식과 이제는 색채에 대한 혁신으로 인정받는 보색-반보색 기법의 창안자로서 두루 인정받게 된다.

B의 양식이 서서히 유행할 조짐이 보이자 많은 화가들은 B의 작품설명이 불필요한 텍스트-캔버스 양식을 차용하기 시작했고 어느덧 B는 대가로서 인정받기 시작했다. 하지만 B는

본인의 양식에 안주하지 않고 새로운 회화의 혁신을 탐구하기 시작했다. 그 결과 B는 '회화가는 평면의 캔버스의 한계를 극복하여 다양한 표현의 가능성을 추구해야 할 당위가 있다'고 선언하며 여러 개의 캔버스들을 하나의 입체적 조각으로 결합시켜 이를 회화의 무한한 표현가능성을 안겨다줄 '다화면 캔버스'로 명명한다. 이 다화면 캔버스에 단색으로 색을 칠하여 그 위에 다양한 공구를 활용하여 날렵한 선을 스크래치한 새로운 표현법을 선보인다.

아무리 대가 B라지만 이번 새로운 양식은 너무도 생소하고 과격해 보이기까지 하여 그에게 평소 우호적인 평론가들조차 당혹감을 감추지 못한다. 과연 이번에도 그의 혁신은 성공할 것인가?

하지만 분명한 것은 미술계의 관심과 평가에 아랑곳하지 않고 B는 이 양식에도 오래 머무르지 않고 또 다시 새로운 혁신과 진보를 추구할 것이란 점이다. 본인만의 독창적 관법을 형성해가며 안주하지 않고 늘 더 나아짐을 추구하는 것. 이것이 바로 진정한 대가의 모습임에 B는 굳건한 확신을 가지고 오늘도 캔버스를 유심히 관찰한다.

A의 불쾌함

A는 현재 불쾌하다. A의 불쾌함은 불쾌한 일 때문일까? 이미 느끼고 있었던 불쾌한 감정 때문일까? 만약 A가 직장상사 B의 꾸지람으로 인해 불쾌해하고 있다면 그는 매번 B의 꾸지람에 의해 늘 불쾌한 감정을 느끼게 되는 것인가?

아마도 항상 그런 것은 아닐 것이다. 어떤 날에는 상사의 심한 꾸지람에도 그저 눈썹 한 번 찡긋하며 '역시 한 성격 하신다니깐' 하며 별 대수롭지 않게 여긴 날도 분명히 적지 않게 존재했다.

하지만 A는 일상적으로 흔한 B의 꾸지람 앞에 현재는 심한 불쾌함을 견디고 있다. 만약 A가 B의 꾸지람이 있기 전 이미 불쾌한 감정을 느끼고 있지 않았더라면 익숙하게 행해지는 B의 꾸지람이 그리 불쾌하지 않았을지도 모른다. A에게 있어 B의 꾸짖는 행위는 익숙한 상수로 여겨지기 때문이다.

하지만 A가 B의 꾸지람이 있기 전 이미 불쾌해하고 있었더라면 B의 꾸지람은 익숙하긴 하지만 오늘따라 유난히 불쾌하고 짜증스럽게 느껴지기 쉬울 것이다. 그래서 홀로 분노를 견디며 B에 대해 원망할 가능성이 높다. A가 B의 꾸지람으로 인해 B에 대해 원망하고 있다면 이 분노가 정말 B의 꾸지람 탓인지 아니면 본인 스스로가 먼저 불쾌해하고 있다가 울고 싶은데 뺨을 맞은 것은 아닌지 한번쯤 사색해 보는 것도 A에게는 재미있는 경험이 될 것 같다.

만약 A가 이미 불쾌한 감정을 느끼고 있었다가 그 감정의 표현의 계기를 우연히 B가 제공한 것뿐이었다는 사실을 알아차린다면 B에 대한 원망이 조금은 누그러지지 않을까.

스마트폰 게임을 하느라 늘 배터리가 부족하여 연락이 잘 되지 않는 A와, 군것질을 좋아하여 정작 식사 때는 입맛이 없는 B, 그리고 본인의 글을 쓰는 데 다른 사람들의 견해들을 찾느라 정작 본인의 사유는 찾기 힘든 글을 쓰는 C, 먹고사니즘에 허덕이다 결국 무엇이 본인의 더 나은 삶과 성숙에 유익한 길인가에 대한 성찰과 모색이 부족한 D.

모두 상황은 다르지만 그 본질적 의미는 비슷하다. 정작 중요한 것에 소홀하고 그 외의 것에 지나치게 몰두하는 경우라 볼 수 있다.

과학의 본질에 대해 간략히 논함

만약 식당 앞에 진열된 정교한 음식모형을 두고 음식이라 우기는 분이 있다면 그때는 '모형이 아무리 정교해도 모형은 모형이지, 음식이 아닙니다. 음식으로 알고 먹으려 하다간 배탈 날지도 모릅니다.' 라고 하며 그 사람을 말려야 현명한 태도일 것이다. 실증은 그 모형에다가 KS마크를 부여하는 즉, 모형과 가설에 권위를 부여하는 제스처에 불과하다.

부연설명

1. 과학이 접근 가능한 정신적 측면이란 것도 오감으로 관측 가능한 범위 내에서만 가능하며, 관측기계상의 한계라는 근본적인 한계를 인정하고 과학의 잣대로 정신적 측면에 대해 함부로 논해선 곤란하다고 봄

니다.

2. 현재 과학에서 정설로 여겨지는 이론은 얼마든지 제2, 제3의 다른 방식의 설명으로 대체 가능하며 즉, 정설과는 다른 수많은 비주류 이론의 존재 가능성, 패러다임의 전환 가능성, 그리고 실증 가능한 명제에는 반드시 반증 가능성이 있다는 점을 고려해야 합니다.

3. 과학은 형이하학의 본래 영역을 벗어나서는 신중해야 하며 더 겸허해야 합니다.

4. 저는 이 글을 통해 사전을 검색해 봐도 알 수 있는 지극히 상식적인 과학의 본질에 대해 이야기했으며, 과학적 모형과 가설은 활용하기에 따라 모형과 가설로서의 효용이 있을 수 있음을 인정하는 바입니다.

5. 제가 과학을 비롯한 지식의 본질을 이야기하는 주요 목적은 본인만의 관법을 형성해감에 있어 지식의 본질에 대한 알아차림은 큰 유익함이 있기 때문에 하나의 과정으로서 지식의 본질에 대해 논하는 것임을 이해해주신다면 감사하겠습니다.

B의 한스러움

　문학도인 동갑내기 A와 B가 있다. A는 부잣집 막내아들로 별다른 아쉬움 없는 순탄한 삶을 살아왔으며 20대가 되자 이제 부모의 후광에서 벗어나 본인만의 창작물을 통해 사람들에게 보다 진지하고 중요한 인물로 여겨지길 바라며 첫 소설을 써내려가는 중이다.

　반면 B는 가난한 집에서 태어나 어릴 적부터 친척집을 전전하며 눈칫밥에 익숙하고 온갖 굳은 일을 두루두루 경험하며 살아왔다. 하지만 이 와중에도 많은 독서와 글쓰기 연습, 사색을 통해 수준 있는 통찰력과 문학적 감수성을 함양하여 글을 쓰는 이라면 누구나 부러워할 만한 깊이 있는 글을 써낸다. B는 이미 다소 현학적이지만 적절한 선정성 그리고 시대적 이데올로기 속에 살아가는 다양한 인간군상의 모습을 깊이 있게 다룬 첫 장편소설을 펴내어 문단과 독자들의 큰 관심을 얻는 데 성공했다.

A는 우연히 알게 된 B의 글을 읽고 그가 동갑내기라는 사실에 잠깐 반가워함과 동시에 그의 글에서 느껴지는 남다른 깊이에 주눅이 들며 강한 질투를 느끼기 시작했다.

　시간이 지나 A는 아무리 노력해도 B를 따라잡을 수 없을지도 모른다는 절망을 느끼자 B에 대한 교묘한 계략을 꾸미기 시작했다. 가난한 B가 돈에 대한 결핍을 상수로서 느낀다는 것을 잘 아는 A는 B가 현재 새 장편을 위해 몰두하는 시간을 자연스레 방해하기로 계획을 세운다.

　A는 B의 열혈독자로 가장하여 그에게 이메일로 연락을 하여 만남을 가졌다. A는 처음에는 그의 소설이 얼마나 멋진가에 대해 찬사를 늘어놓아 B를 기쁘게 한 다음 화제를 B의 어린 시절의 가난으로 자연스럽게 전환한 뒤 형식적 위로의 이야기들을 건네다 그에게 열혈독자로서 순수한 호의로 회사를 하나 차려 대신 운영해줄 것을 제안한다.

　A가 제시한 조건은 회사 지분은 A와 B가 반반으로 하고 초기 회사설립과 운영에 들어가는 모든 비용은 A가 부담하는 대신 B는 경영인으로서 일주일에 6일은 회사에 출근하여 사무를 돌보아야 하는 것이다. B는 회사 지분 50%와 더불어 A로부터 매달 1,000만 원이 넘는 월급을 지급받게 된다. 그리고 만약 경영상의 어려움으로 회사가 문을 닫아도 B에게는 어떠한 불이익도 없다. 단, 회사에서 사무를 보는 동안에는 경

영자로서 충실해야 하며 저술을 포함한 개인적 용무는 가급적 삼가야 한다.

A가 내건 조건 앞에 잠시 고민하던 B는 그간 가난에 찌들어 지냈던 과거를 회상하며 회사경영과 글쓰기가 병행 가능할 것으로 확신하며 A의 순수해 보이는 호의에 기분 좋게 승낙하게 된다. A는 능글맞은 미소를 지으며 본격적인 회사 설립계획에 착수하기 시작한다. 그는 임대료가 비싼 큰 사무실을 하나 임대하고 아버지 회사에서 유능한 직원들을 여럿 스카우트하여 부하직원으로서 B를 모시게 한다. 또한 사장 직함이 박힌 멋진 명패와 고급스런 명함 그리고 개인 비서와 운전기사, 외제차를 B에게 제공하여 그를 황홀케 한다. 그리고 아버지의 인맥을 총동원하여 새로 설립한 회사에 소위 '일감 몰아주기' 방식으로 어마어마한 매출을 올려주기 시작한다.

회사가 눈코 뜰 새 없이 바빠지자 B는 본인의 1,000만 원이 넘는 월급과 더불어 회사지분에서 비롯되는 자산의 증가로 행복해한다. 하지만 B는 소설가로서의 강한 자부심을 바탕으로 어딜 가든 여전히 자신을 소설가로 당당히 소개하는 사람인지라 야근으로 밤늦게 퇴근하는 나날 속에서도 피곤을 견디며 새벽까지 집에서 글을 쓰곤 한다.

A의 제안을 받아들인 이후 B는 하루 중 소설가로서 사유하며 살아가는 시간보다 경영자로서 사유하며 살아가는 시간

이 훨씬 더 늘어남을 느끼며 고뇌하기 시작한다. 하지만 그 고뇌에 비례하여 늘어가는 통장 잔액은 그 고뇌를 엉큼하게 달래주곤 하여 그는 아주 서서히 글쓰기로부터 밀어져가고 있었다.

B가 촉망받는 소설가에서 잘나가는 경영인이 되어가는 순간 A에게는 어떤 변화가 있었을까? A는 B가 경영인으로서 본인의 시간을 경영에 몰두하게 되는 것을 능글맞게 바라보며 하루의 많은 시간을 소설가로서 사유하고 글 쓰는 것으로 스스로를 단련해 나가고 있었다.

세월이 흘러 A와 B의 회사는 상장에 성공하여 B는 돈방석에 앉게 된다. B는 이제 소설가로 본인을 소개하는 일은 술자리에서나 종종 있게 되며 대부분은 잘나가는 CEO로 본인을 소개하며 방송출연도 하고 대학생들을 상대로 강연을 다니기도 한다. 하지만 내심 과거 촉망받던 소설가로서의 본인의 모습에 아쉬움과 미련이 커지기 시작한다. 하지만 미련과 아쉬움은 잠시뿐 눈코 뜰 새 없이 바쁜 회사경영으로 인해 그는 더는 과거 못다 쓴 소설로 인해 괴로워하지 않기로 스스로 다짐한다.

반면 A는 회사 지분의 50%를 가지고 있는 대주주로서 늘어난 부를 누리며 B가 회사경영으로 한눈판 사이 오로지 위대한 소설가가 되기 위해 독서와 사유, 글쓰기로 스스로를 단련했다. 그 결과 과거 본인을 주눅하게 했던 B의 첫 소설을 뛰어넘는 굵직한 장편들을 여러 편을 발표하며 문단의 대가로 인정받아 정치권에도 훈수를 두는 등 문학사에 기록되는 대문호로 서서히 거듭나고 있었다.

어느 날 B는 과로로 건강이 크게 악화되어 잠시 한적한 시골에서 요양을 하며 성찰의 시간을 가지던 중 뭔지 모를 회한과 격정적 한스러움이 올라와 눈물을 쏟게 된다. 충분한 성찰이 허락되는 여유의 시간과 아픔을 겪으니 그제야 본인이 진정 무엇을 원하고 있었는지가 명확하게 와 닿게 된 것이다. 그런데 오랜 세월 그토록 원하던 것을 돈과 바쁘다는 핑계로 억지로 억누르고 외면하고 살아왔으니 그 한스러움이 얼마나 크겠는가?

그때 집어든 일간지 한편에 대문호 대접을 받으며 크게 인터뷰 기사가 실린 A의 모습을 본 B는 그제야 속았다는 생각이 들지만 '완물상지'의 세월은 누구에게 보상받을 수 있을 것인가? 남들이 원하는 것만 좇다 정작 본인이 진정 원하는 바를 어리석게도 외면하며 살아온 지난 세월을 보상하고자 그는 먼지 쌓인 옛 원고지를 다시 찾기 시작하는데……

안락함이 상수가 될 때

육체적 안락함에 익숙해질수록 실존적 고뇌는 깊어지고 다가올 미래에 대한 막연한 불안감과 삶에 대한 권태감은 커지기 쉽다. 고뇌와 권태감을 달래려 더 즐겁고 안락한 것들을 추구하기 쉽지만 더 즐겁고 안락한 것에 익숙해질수록 고뇌와 권태감은 안타깝게도 오히려 더욱 커져가기 쉽다.

이러한 맥락에서 비롯된 실존적 고뇌와 권태감의 증가는 실제의 비우호적 사건과 일상에서 맞닥뜨려 짜증과 고통을 체감함으로써 비로소 실존적 고뇌와 권태감은 감소하게 된다.

만약 상수나 다름없는 안락함으로 인해 실존적 고뇌와 권태감으로 쉽게 우울해지기 쉬운 복에 겨운(?) 자는 다양한 긍정적 변수15)에의 지속적인 도전을 통해 많은 비우호적 사건

---

15) '상수와 변수' 글 참조.

(이 경우는 대부분 성취과정에서 거쳐야만 하는 불가피한 과정이 되겠지만)에서 비롯되는 짜릿한(?) 고통을 느낄 필요가 있다.

이러한 긍정적 도전과정에서의 짜릿한 고통은 안락함의 오랜 지속으로 인해 고이기 쉬운 고뇌와 권태를 지속적으로 완화시켜줄 테니 아무리 안락해도 쉽게 우울해지지 않을 수 있는 것이다.

더 나아지고 싶고 더 성숙해지고 싶은 의지는 '토로'16)의 효과를 유발하여 본인의 일상이 서서히 성숙해지는 데 이로운 방향으로 전개된다.

이때 본인의 토로의 효과는 외부 흐름과의 조화와 타협 혹은 부닥침의 과정을 거치면서 본인 일상의 흐름으로 전개되고17), 만약 성숙해지고 싶은 의지와 더불어 이루고자 하는 구체적인 뜻이 있다면 그 뜻은 본인의 '마하라'18)가 되어 그 이루고자 하는 뜻에 걸맞은 욕망을 느끼며 살아가게 된다. 즉, 마하라는 본인의 뜻을 이루는 데 필요한 연속된 욕망을 유발하는 심층의 거대의지라고도 불릴 수 있다.

---

16) 『하늘공부』 3권 참조.
17) 토로와 관련하여 언급한 이 부분은 저의 관법이며, 토로의 원전 내용은 『하늘공부』 3권을 참고하시면 됩니다.
18) 『하늘공부』 1, 3권 참조.

지식의 앎에서 확신이 생겨나는 법이니 우선 무엇이 본인의 더 나은 삶과 성숙에 유익한 지식인지를 볼 수 있는 안목이 필요하다. 하지만 이 안목이 아직 미숙하다고 해도 기준법칙에 유익한 기여를 하는 훌륭함을 추구하는 삶을 살겠다는 확고한 태도가 있다면야 이 확고한 태도가 토로를 유발하여 자연스레 본인의 성숙에도 유익하고 도움을 줄 수 있는 지식과 사람을 만나게 될 가능성이 높다.

본인의 성숙에 유익한 올바른 지식을 알게 되었다면 열심히 공부하여 신법(지식의 앎)에서 심법(가슴의 의지)이 될 수 있도록 올바른 앎을 바탕으로 그에 걸맞은 결단을 내려야 한다. 이 결단에 따른 의지가 본인의 성숙을 이끌며 때가 되면 계제로의 성취 즉, 체법으로 실제적인 성숙의 결과를 체득하게 되는 것이다.

이 계제의 수준이 곧 그 존재의 수준이며 천원계[19]에서 영단(계제로는 4단) 이상이 되어 '애라'[20]를 출신하여 서로 만나게 되면, 계제가 낮은 존재는 계제가 높은 존재에게 자연스레 공손하게 된다.

계제가 높다는 것은 존재의 수준, 깨우침의 수준, 마음의 크기, 절대적 힘의 우위의 측면에서 계제가 낮은 존재보다 더

---

19) 『하늘공부』 1, 2, 3 참조.
20) 『하늘공부』 1, 2, 3 참조.

우위를 점함을 의미한다. 이것은 천원계상에서 서로 마주 대해보면 직관적으로 알게 되는 부분이니, 중요한 것은 본인의 깨우침의 수준, 계제가 이느 정도인지 냉철히 파악하여 허영을 경계하는 것이다. 애라도 아직 출신 못한 계제로 마치 다 깨우친 듯 입으로 깨우침을 나불거리며 허영에서 벗어나지 못하는 안타까움은 본인의 성숙에 있어서도 너무나 안타까운 경우이니 늘 허영을 경계하고 본인의 위치를 냉정히 파악해야 한다.

계제를 공부하면 알겠지만 성숙의 길에서 안주함과 허영은 언제나 경계해야 할 부분이며, 늘 더 나아짐을 추구하며 끝없는 덕행과 부단한 공부를 하는 것이 본인의 성숙에 크게 이로운 길임을 잘 알 수 있으리라 본다.[21]

본인이 추구하는 올바른 뜻을 세우고, 그 뜻 세움이 본인의 존재의미와 존재목적을 올바르게 규정하게 되며, 이 뜻을 향한 의지가 본인의 성숙을 이끄는 중요한 보편적 원리로 작용하게 됨과 동시에, 이 뜻은 마하라가 되어 본인의 올바른 욕망을 유발해낼 테니(물론 토로의 효과도 함께하게 될 것이다) 마하라가 이끄는 대로 올바른 연속성의 선택을 하고 올바른 연

---

[21] 참고로 이전에 언급한 신법–심법–체법과 관련된 부분은 『하늘공부』 1권에 수록된 내용을 필자의 관법으로 재해석한 것으로, 원전이 궁금하신 분은 『하늘공부』 1권을 참고 바란다.

속성의 선택은 선인선과에 따라 본인의 더 나은 삶과 성숙에
도 유익하게 되돌아오게 된다.

　무엇이 본인의 더 나은 삶과 성숙에 유익한 지식인지를 알
고 본인 스스로도 더 나은 삶과 성숙을 추구하고자 하는 확고
한 의지가 있다면야 열심히 공부하여 그에 걸맞은 결단을 내
려 올바른 방향성의 추구, 본인의 더 나은 삶과 성숙의 추구를
서둘러야 현명한 태도 아니겠는가? 머뭇거리기엔 이번 생은
그리 길지 않다.

비록 표현이 음란하다 할지라도

　정부에 의해 본인의 창작물이 불온서적, 음란물로 규정되어 기소된 작가를 동료 문인을 비롯한 지식인들이 적극적으로 변호해 나서려 하는 동기에는 표현의 자유가 불온성 혹은 음란성과 같은 여러 가지 명목상의 이유를 바탕으로 낙인찍기를 통해 사법적 제재를 받아 위축된다면 이는 곧 본인의 발언과 창작활동에 있어서도 부메랑이 되어 날아와 자기검열을 강요하게 하는 갑갑한 상황이 혐오스럽기 때문일 것이다.

　이러한 표현의 자유에의 '재갈 물리기'가 위력을 행사하기 시작하면 공적인 사안에 대한 의사표현에 있어 정부의 눈치를 보는 사람들이 늘어나 사회의 여론이 정부에 의해 순치되는 방향으로 흐르지 않을까 두렵기 때문이기도 할 것이다.

　정부에 의해 낙인이 찍힌 특정 표현이나 창작물이 일반적인 상식에 비추어 훨씬 더 급진적이거나 선정적일수록 지식인을 비롯한 오피니언 리더는 표현상의 내용이 본인의 견해,

입장과 상충되지만 않는다면 더욱 적극적으로 이를 변호하려 함으로써 표현의 자유의 용인됨의 범위를 확충시키려는 노력을 하게 될 가능성이 높다.

정부에 의해 낙인찍힌 급진적인 창작물이나 불온한 표현이 지식인들의 변호로 인해 사법적 제재를 피하는 데 성공하게 된다면 정부에 의해 낙인찍힌 그 표현의 급진성, 불온성의 수준만큼 표현의 자유의 용인됨의 범위가 확충되며 이는 곧 지식인 본인의 표현에 있어서 허용되는 자유로움과 당당함의 수준 그리고 내용상의 사상적 스펙트럼의 범위가 그만큼 넓어져 감을 의미하게 될 것이다.

Ⅲ

오후의 철학

바쁜 일과 속 잠깐의 사색의 여유

방편

　누구 엉덩이가 더 오래 버티나 시합하듯 주구장창 앉아 좌
선이란 방편에 집착하는 이와, 말장난처럼 보이는 괴상한 언
어를 부여잡고 끙끙거리며 화두라는 방편에 집착하는 이와,
건강을 위한 체조를 하듯 열심히 땀 흘리며 행공이란 방편에
집착하는 이는 밥을 먹되 왜 밥을 먹는지 모르고 그저 밥 먹는
행위에 온갖 의미를 부여하며 밥 먹는 행위를 동네방네 선전
하며 떠들고 다니는 팔푼이와 다름없다.

　무엇을 위한 좌선이고 화두이고 행공인지 모른 채 그 자체
에 심오한 의미를 부여하며 방편이 주는 감각적 황홀함에 취
해 정작 중요한 계제에의 성취에는 아무런 진전을 이루지 못
하고 있다면 왜 본인이 좌선을 하고 화두를 하고 행공을 힘들
게 하고 있는 것인지 성찰해볼 필요가 있을 것이다.

　단순히 건강이나 내적 평온함을 위해서 그러고 있다면 아
무 상관없겠지만 본인의 계제를 높이고자 하고 깨우침을 추

구하는 경우라면 방편에 얽매인 채 허송세월하는 일은 없어야 하지 않을까.

그리고 자기 관법의 형성해감 없이 그저 원전을 앵무새처럼 좋알대며 폼 잡는 이는 그만큼 수준이 덜떨어짐을 나타내주는 증거다. 깨우침을 추구하는 자가 얼마나 체득한 게 부족하면 자기 관법도 하나 형성해가지 못하고 원전 앞에 엎드려 그저 앵무새처럼 좋알댄단 말인가?

눈앞의 낯선 이

　낯선 사람과 처음 인사를 하고 대화를 할 때 특정 이해관계로 인한 만남이 아닌 이상 인맥을 중시하는 A는 그 사람의 사회적 지위와 주로 누구와 친한지에 우선적으로 관심을 가지기 쉽다. 정치에 관심이 많은 B는 상대방이 어떤 정치적 성향을 가진 사람인지에 대해 자연스럽게 관심이 가기 쉽고, 질환으로 인해 건강이 좋지 않은 C는 상대방이 평소 앓고 있는 질환이나 건강상태를 주로 염두에 두며 대화를 나눌 가능성이 높다. 경제적으로 곤경에 처한 D는 그 사람의 현재 생계수단과 재정상태에 대해 우선적으로 관심을 가지기 쉽다.

　그래서 A의 경우 상대방의 사회적 지위가 어떠하냐에 따라 그리고 누구와 친분이 있느냐에 따라 상대방과 앞으로 얼마나 가까운 관계로 지낼 것인가를 결정하기 쉽고, B의 경우는 상대방이 얼마나 본인과 정치적 성향이 비슷한지 그리고 얼마나 활발한 정치적 활동을 하고 있는지의 정도가 상대방과의 앞으로의 관계를 가늠할 중요한 부분이 될 수 있을 것이고, C의 경우는 상대방이 본인과 비슷한 질환으로 고통받고 있는지 여부와 건강의 증진을 위해 상대방이 어떤 노력을 하고 있느냐에 따라 공감대를 바탕으로 앞으로의 관계의 지속성이 결정될 가능성이 높다. D의 경우는 상대방이 본인에게 경제적으로 도움을 줄 수 있는지 여부와 만약 상대방이 경제적 곤궁함으로 인해 어려움을 겪고 있다면 얼마나 본인과 비슷한 처지에 놓여있는지에 따라 상대방과의 앞으로의 만남의 빈도가 결정될 가능성이 높다.

눈덩이

계속해서 커져가는 눈덩이가 있다.

A는 처음에는 주먹보다 작은 눈덩이를 이리 던지고 저리 던지며 즐거워한다. 눈덩이가 점점 커져 축구공만 해지자 A는 눈덩이를 발로 차며 공놀이를 하기 시작한다. 시간이 지나 눈덩이는 A의 신체만큼 커지게 되었다. A는 눈덩이에 왠지 모를 위압감을 느껴 눈덩이를 몽둥이로 가격하며 부수려고 노력했다. 하지만 눈덩이는 A의 몽둥이질에도 아랑곳하지 않고 점점 커져 그 크기가 집채만 해지기 시작했다.

A는 이제 몽둥이질을 멈추고 집채만 한 눈덩이를 멍하게 쳐다보며 예전에 눈덩이를 손으로 던지고 놀았던 그 순간을 가끔 떠올리곤 한다. 이제 눈덩이는 더욱더 커져 웬만한 동산보다 더 커지게 되자 A는 카메라를 꺼내어 눈덩이를 찍어 사람들에게 자랑하기 시작했다.

눈덩이는 점점 더 커져 이제 하나의 거대한 섬처럼 커지게 되자 A는 이제 그 눈덩이에 경외감을 느껴 눈덩이에 대한 신비롭고 심오한 의미들을 부여한 이야기를 글로 쓰게 되었다고 한다.

　모르는 사람을 누구를 통해 혹은 어디서 만나는가보다 더 중요한 것은 어떤 사람을 알게 되느냐일 것이다. 아무리 격식을 갖춘 모임 혹은 친한 지인의 소개를 통해 만나게 되는 사람일지라도 그다지 가깝게 지내야 할 뚜렷한 이유가 느껴지지 않는 어색한 만남의 경우보다는, SNS를 통해 전자의 경우보다 훨씬 더 가깝게 지내고 싶어지는 좋은 사람을 알게 된다면 SNS는 그 어떤 고급 사교모임보다 훨씬 더 소중한 만남의 장이 될 수 있다.

　SNS의 존재의미는 고정되어 있지 않아 어떤 의도와 태도로 접근하느냐에 따라 그때그때 그 의미가 다르게 규정되는 묘한 매력이 있다. 누구에게는 귀한 사교의 장이자 영업과 홍보의 공간 혹은 특정 여론을 조성하기 위한 선전도구일 수도 있고, 또 어떤 이에게는 그간의 힘든 노력이 결실을 맺는 영광의 순간을 공개함으로써 스스로를 다독이는 창구일 수도 있을 것이며, 어떤 이에게는 단순히 지루함을 달래줄 수단이거나 열등감과 공허함을 달래기 위한 자기과시의 장이 될 수도 있을 것이다.

이왕 귀한 시간 할애하여 SNS를 하는 것이면 '시간 낭비'라는 낙인으로 본인의 SNS가 규정되지 않도록 현명하게 접근하는 것이 좋지 않을까.

사탕

사탕 살 돈이 부족한 가난한 아이 A는 어쩌다 사탕을 가지게 되면 꽉 움켜쥐고 조금씩 아껴서 핥아먹는다. 혹시나 누군가가 자신의 사탕을 노리는 것 같은 낌새가 느껴질라치면 어린아이답지 않은 단호하고도 억척스러움을 보이기까지 한다.

반면 A보다 상대적으로 집안 형편이 나은 B는 용돈이 넉넉한 탓에 사탕을 느긋하게 음미할 줄 알며 다른 친구들과 사탕을 나눠먹을 줄 아는 여유를 보인다.

부잣집 아이 C는 A와 B의 용돈으론 감히 맛보기 어려운 귀한 한정판 고급 사탕을 움켜쥐고 이를 매개로 친구들을 본인의 편으로 포섭하고 싫어하는 아이를 따돌리는 데 활용하곤 한다. C는 본인의 한정판 사탕을 인색하게 베풀수록 그 사탕의 효용이 커짐을 알아차려 친구들이 본인을 위해 적절한 행동을 취해줄 때에만 비로소 그 성과에 걸맞은 사탕을 베풀곤 한다.

사탕에 대한 태도를 두고 보면 용돈이 부족한 A에게 사탕은 낭만과 감상의 차원보다는 냉정한 현실적 문제이며 따라서 사탕 앞에서는 억척스러움을 감추기 어려운 경향이 있다.

B는 용돈이 넉넉하기에 사탕은 낭만과 감상 그리고 약간의 현실적 문제가 혼재된 차원에 놓여있으며 따라서 사탕 앞에서는 여유와 너그러움 그리고 때로는 인색해지는 경향이 있다.

반면 사탕 구매비용에 예산제약이 없는 C에게 사탕은 그저 별다른 감흥 없는 하나의 수집용 취미이자 본인의 위세를 보이기 위한 과시용품이 되기도 하고, 사탕을 적절히 활용하면 유익한 수단이 될 수 있음을 알아차리게 됨에 따라 수단으로서의 효과를 높이기 위해 사탕을 베풂에 있어 오히려 더 인색해지는 경향이 있다.

(물론 언제나 본인의 경제적 형편과는 상관없이 베풀기 좋아하는 넉넉하고 여유로운 사람은 존재하니 이 글은 그냥 재밌는 사색거리로 가볍게 봐주시면 감사하겠습니다.)

성실함의 긍정성을 확보하기 위하여

성실함이란 덕목의 긍정성에 동의하지 않기란 어렵다. 하지만 누군가의 성실함이 수행되는 구조적 상황과 맥락을 고려하지 않고 단지 그 성실함만을 두고 고개를 끄덕인다면 과거 2차 세계대전 당시 나치 정권하의 기계적 성실함을 보였던 적지 않은 공무원들의 어리석음을 피하기 어려울지도 모른다.

성실함과 같은 긍정적 덕목도 그 구조적 상황과 맥락의 올바름이 뒷받침되어야 비로소 그 덕목의 긍정성이 확보되는 것이다. 열정과 성실함이 무엇을 위한 열정이며 성실함인지 고려하여야 한다. 만약 그러한 덕목들이 발휘되는 구조적 상황과 맥락이 전혀 기준법칙에 이롭지 않은 엉뚱한 방향으로 향해가고 있다면 그러한 상황에서 그 사람이 발휘하는 열정과 성실함은 차곡차곡 쌓여 언젠가는 그 사람의 뒤통수를 가격하는 안타까운 결과로 되돌아올지도 모른다.

언제나 첫 번째로 고려해야 할 덕목은 '방향성' 이지, 성실함과 열정의 유무는 그 다음일 것이다.

음식장사와 정치인

자본주의 사회에서 음식장사는 돈을 벌자고 하는 것이겠지만 저질 식재료로 비용을 아끼고 직원들의 인건비를 교묘하게 착취하려 들다간 장기적으로 보면 돈은커녕 빚만 지고 원성을 사기 쉬울 것이다.

정치인이 정치를 하는 데 자신을 지지하는 유권자들의 표가 필수적이겠으나 본인만의 정책적 이상향이 결여된 채 지지층의 표를 위해 그들의 이해관계만을 쳐다보며 근시안적으로 얄팍하게 굴다간 큰 꿈은 꾸기 어려울뿐더러, 지지층이 바라는 이해관계가 어느 정도 충족이 되었거나 그들의 기대치에 미치지 못하게 되는 순간 다른 매력적인 정치인에 의해 대체되어 야인으로 내동댕이쳐지기 쉽다.

음식장사는 운영에 필요한 최소한의 이윤이 확보되어야 가능하고 정치인의 활동도 유권자의 어느 수준 이상의 지지가 있어야 가능하겠지만, 음식장사는 이윤에 그리고 정치인은 지지층의 표에 지나치게 집착하는 결과 사회적 의무(음식장사는 양질의 음식제공, 정치인은 국민의 더 나은 삶과 국력 신장에의 기여함)에 소홀해진다면 그러한 음식점과 정치인은 단기적으로 잠깐 반짝할지 모르나 장기적으로는 활동 모습을 찾기 어려울 가능성이 높다.

거인의 발톱

　난쟁이 A는 불만이 많다. 거인 B의 발톱이 손질이 거의 되지 않고 불결하기 때문이다. 난쟁이는 발톱 손질이 안 되어 불결해 보이는 B를 미워하는 반면 발톱 손질이 매끈하게 잘 되어있는 데다가 예쁜 장식까지 달려있는 거인 C는 좋아한다.

　난쟁이 A는 자기가 일상적 시선에서 흔하게 마주치는 거인의 발바닥을 두고 그것이 시각적으로 불결해 보이면 그를 혐오하고 청결해 보이면 그를 좋아한다. 하지만 난쟁이는 거인들의 발바닥 위의 일은 일상적 시선에서 벗어나기에 별로 관심을 가지지 않는다. 단지 눈앞에 보이는 거인의 발톱의 청결함의 정도를 두고 그 거인에 대해 왈가왈부하는 것이다.

　본인 시간의 대부분을 난쟁이 마을로의 침입을 노리는 독수리떼를 쫓아내느라 발톱을 청결히 관리할 여유가 부족한 B는 난쟁이의 환심을 사기 위해 대부분의 시간을 발톱 손질을 하는 데 할애하면서 정작 난쟁이를 위한 일에는 게으름을 피우고 오히려 난쟁이를 부려먹을 음흉한 꿍꿍이를 가진 C를 눈여겨보고 있지만, 난쟁이는 그저 발톱이 지저분한 B를 혐오하며 그에 대한 비난을 그치지 않는다.

결국 B는 난쟁이의 비난에 지쳐 발톱 손질에 나서게 되면서 난쟁이를 위해 일하는 시간이 자연스레 줄어들게 되었다. 그러자 난쟁이 마을에는 B가 그동안 막아주던 독수리들이 날아들어 와 가축들을 잡아먹고 마을을 헤집기 시작했다.

사색거리

1. 독자가 얼마나 본인의 글을 찾아줄 것인가에 크게 개의치 않고 그들이 얼마나 본인의 글을 이해할 수 있을 것인가에 별 관심이 없는 데다 오히려 본인의 글을 난해해하는 사람이 많을수록 본인의 학문적 권위가 올라간다고 믿는 사람일수록 현학을 부리기 쉽다.

단, 현학을 부리기 위해서는 사람들이 그의 현학에 온갖 심오한 의미부여와 상상을 하며 지적 허영에 탐닉하는 데 도움이 될 수 있도록, 일류명문대 학력은 필수조건이다. 일류명문대 학력이라야 독자는 글쓴이의 현학에 심오한 의미를 부여하며 인내심을 가지고 접근하게 된다.

글이 난해할수록 글에 대한 인문학적 상상력과 추측, 지적 허영은 비례하여 커지므로 일부 지적 허영이 강한 독자는 이런 난해하고 심오한 글을 읽는 지식인으로서의 우월감에 도취되어 본인의 글 또한 현학을 흉내 내기 쉽다. 안타깝게도 그

218

가 일류명문대 출신이 아니라면 누가 귀한 시간 할애하며 보험약관과 같은 지루하고 딱딱한 글에 진지한 관심을 가지려 하겠는가(단, 그의 글의 민낯이 본인의 통찰로 가득하다면 예외가 되겠지만)?

2. 철학을 공부하는 자가 지적 성실함의 이름으로 평생을 다른 사람의 철학적 견해만을 찾아다니느라 정작 본인의 관법은 찾기 어려운 채 철학자가 아닌 철학사가가 되어있는 본인의 모습을 발견하게 된다면 슬프지 아니한가. 권위 있는 타인의 견해를 좇으며 거기에 안주하는 맹목성을 경계하며 본인의 관법을 형성해가기 위한 공부여야 좋을 것이다.

향기나는 자를 찾아 똥통으로 보내기

많은 사람들의 추천에 의해 선출된 소수의 사람만이 머물 수 있는 성에서 똥냄새가 난다면 그 성에 머물게 되는 사람은 평소 아무리 깨끗한 사람일지라도 오래 머물수록 똥냄새가 날 가능성이 높을 것이다.

사람들은 그 성에 머무르면서 서서히 똥냄새를 풍기게 되는 그들을 욕하고 비난하지만 그 성에 똥냄새가 나는 구조적 원인의 해결에는 별로 관심이 없어 보인다. 단지 똥냄새 나는 성에 평소 향기나는 매력적인 사람을 찾아내어 보냈다가 그 성의 똥냄새로 인해 더는 향기가 나지 않게 되면 그를 더럽다 욕하며 또 다른 향기나는 사람을 찾아 나설 뿐, 그 성에서 왜 계속 똥냄새가 날 수밖에 없는지에 대해서는 똥냄새 풍기는 이를 비난하며 성에서 내쫓는 일만큼의 큰 관심은 없는 듯하다.

사람들은 향기를 선호하고 똥냄새를 혐오하는 탓에 늘 향기나는 이를 찾아 나서지만 그를 기다리는 성에 똥냄새가 방치되어 있다면 그도 결국 언젠가는 똥냄새 풍기며 내쳐지기 위해 그곳을 향하게 되는 것은 아닐까.

사람들의 추천에 의해 성에 들어가는 향기나는 사람은 성 안에 만연한 똥냄새를 불가피한 현실로 간주하며 이에 안주하려는 똥냄새 풍기는 이들의 견제를 극복하며 똥냄새의 구조적 원인의 해결을 위해 노력하는 한편, 성 밖의 사람들도 향기나는 이를 찾고 똥냄새 나는 이를 욕하는 데 할애하는 관심만큼 성의 똥냄새의 구조적 원인의 해결에 관심을 가져주어야 성에서부터 퍼져 나와 마을을 더럽히곤 하는 지독한 악취로부터 자유로울 수 있지 않을까.

A는 가전 전자제품회사를 경영한다. A는 경영인으로서 관심을 가지고 살펴야 할 것이 한두 가지가 아니다. 직원들의 복리후생과 급여, 세금, 정부의 규제, 유행에 민감한 소비자의 가전제품에 대한 취향 및 선호도 조사, 경쟁사의 제품 및 동향 파악, 회사 실적, 제품개발, 향후 전자제품 시장의 흐름에 영향을 미칠 수 있는 외부 변수 등을 고려하면서 하루도 분주하지 않은 날이 드물다.

연초 회사의 목표와 기대실적 등을 설정해놓고는 있지만 사실상 시시각각 변하는 상황에 그저 하루하루 민첩하게 대응하기 바쁘다. 다른 회사라고 사정은 크게 다르지 않으리라 스스로 위안을 하며 A는 경영자로서 바쁜 나날을 보낸다.

그러던 어느 날 한동안 조용하던 경쟁자인 B의 회사가 기존 가전제품에서 찾아볼 수 없던 혁신적 제품을 시장에 깜짝 출시하였다. 이른바 가정주부를 부엌으로부터 해방시키기 위해 개발한 가전제품의 혁명이란 호들갑과 함께 소개한 이 신제품은 레시피를 입력하여 재료만 넣어두면 알아서 요리하고, 식사 후에는 자동 설거지 기능으로 식기세척까지 가능한 '키친봇'이란 제품이었다. B의 키친봇은 출시되자마자 가정주부의 열렬한 환호 속에 제조공장이 주야 구분 없이 풀가동되며 B가 경영하는 회사의 매출 신장에 큰 공헌을 한다.

A는 B의 신제품 앞에 당혹감을 감출 수 없었다. A의 회사도 끊임없이 소비자의 취향을 조사하고 제품개발에 나서곤 했으나, 사실상 기존제품의 성능을 좀 더 향상시키고 여러 잔잔한 세부기능을 추가하는 방향으로 즉, 점진적인 개선이긴 하나 안일함의 비난으로부터는 자유롭기 어려운 구석이 있었던 것이다. 반면 B는 A와 마찬가지로 경영인으로서 수많은 현안을 챙기며 기존의 제품의 기능향상을 추구하는 한편 아직 전자제품이 가정에서 제공하지 못하고 있는 서비스가 무엇인가를 끊임없이 고민하며 독서와 사색 그리고 연구 개발자와의 활발한 토론과 논의 끝에 키친봇이란 혁신을 시장에 내놓을 수 있었던 것이다.

B의 회사는 키친봇을 계기로 전자시장의 선두를 달리게 되었으나 이에 안주하지 않고 끊임없는 혁신을 추구한 결과 어느덧 국내 상장사 시가총액 1, 2위를 다투는 상당한 규모로 성장하게 되었다.

그러던 어느 날 정세가 급변하여 기업가에 부정적인 시각을 가진 정권이 들어서자 상황은 변화하기 시작했다. 이 정권은 기업가를 노동자를 착취하는 나쁜 존재로 바라보는 한편 경쟁에도 부정적인 시각을 가지고 있어서 기업으로부터 거두는 세금을 대폭 올리고 노동자들이 기업경영에 기업가와 대등하게 참여할 수 있게 허가하며 함부로 노동자를 해고할 수 없게 하는 등의 파격적인 정책을 내놓게 된다.

기업으로부터 거두는 세금이 지나치게 높아지자 B는 키친봇과 같은 혁신적 제품을 어렵사리 내놓아도 기대할 수 있는 이윤이 제품개발에 들어가는 노력과 비용을 보상하는 데에 충분하지 않다는 것을 깨닫게 된다. 또한 노동자들이 기업경영에 참여하게 되자 점점 그들의 눈치를 보며 예전만큼 과감한 혁신을 선도할 수 있는 도전적 선택의 폭이 좁아지는 걸 느끼게 되었다. 게다가 기업가에 적대적인 정부의 든든한 지원 아래 연봉과 복지후생과 관련한 노사협상이 이루어질 때면 매번 노동자에게 유리한 방향으로 추세가 기울어졌다. 그 결과 노동자의 임금과 혜택 그리고 그들의 경영에의 발언권은 커지는 한편 기업가 B의 입장에서는 늘어난 인건비와 과중한 세금으로 인해 예전만큼 혁신에의 노력 대신 무기력함과 안일함에 빠져 점차 A의 회사처럼 기존의 제품에 사실상 안주하는 방향으로 회사를 경영하게 되었다.

B의 회사의 혁신적 제품들을 모방하기 급급했던 A의 회사를 비롯한 경쟁사들은 이제 정부와 노동자의 눈치를 보며 그저 느긋하게 경영을 하는 결과, 더는 예전처럼 시장에서 제품에의 혁신은 찾아보기 어렵게 되었다. 그리고 노동자들이 연봉협상에서 지속적으로 승승장구하게 된 결과, 늘어난 인건비는 고스란히 제품가격에 반영되어 물가는 오르기 시작하고 시장에는 혁신 없는 뻔한 제품의 범람으로 인해 각 회사마다 가전제품의 재고가 쌓이기 시작했다.

A의 회사를 비롯한 전자회사들은 높은 인건비, 과도한 세금, 재고의 증가로 인해 실적이 악화되어 도산위기에 처하게 되었다. 하지만 경영인들은 여전히 정부와 노동자의 눈치를 보며 함부로 구조조정을 못하는 한편, 노동자들은 회사가 부도에 처해 해고될 위험에 놓이자 회사가 어려워진 것은 경영자의 근무태만이자 무능함 탓으로 규정하며 정부에 대책을 내놓을 것을 요구하는 대규모 시위를 벌이게 된다.

그 결과 정부는 경영인들에게 책임을 물어 구속시키는 한편, 도산위기에 처한 기업들을 세금으로 국유화하였다고 한다. 국유화된 기업들은 정치권에서 비롯된 전문성이 결여된 낙하산 인사, 여전히 근로자에게 우호적인 방향으로 향하는 임금과 복지체계, 정권과 노동자들의 눈치를 보는 낙하산 경영인으로 인해 국유화되기 전보다 더 안일하고 방만한 경영이 전개되었다. 시장에는 갈수록 더 저질의 소비자의 선호도는 반영되지 않는 듯 보이는 조악한 가전제품들이 늘어나 소비자들은 이제 더는 국산품은 거들떠보지 않게 되었다.

(물론 이 글의 사례에서 기업가에 부정적인 시각을 가진 정권이 들어설지라도 노사 간의 신뢰를 바탕으로 원만한 협의를 통해 안정적인 경영활동이 이루어진다면 이 글의 사례와 같은 다소 극단적인 상황전개는 피하고 오히려 상호 원원하며 기업이 양질의 재화와 서비스를 제공하며 지속적인 혁신에의 추구가 가능할 것이 분명하다. 노사 간의 원만한 협의를 바탕으로 한 긍정적 경영활동의 사례는 북유럽 국가에서 주로 활동하는 기업들의 노사관계에서 발견할 수 있다.)

부연설명

이 글은 혁신을 선도하는 기업가정신을 옹호하는 내용이 있는 것이 사실입니다. 하지만 현재 신자유주의 경제 흐름 하에서 대기업의 이윤을 보장해주기 위한 과도한 세제혜택, 인건비 절약을 돕기 위한 비정규직의 과도한 양산에의 허용은 결과적으로(기업의 사회적 의무에 해당되는) 투자, 고용에의 증대 유발에 크게 기여하고 있지 못합니다. 오히려 대기업은 세계 경제의 불확실성과 위험성, 규제 완화의 필요성을 주로 운운하며 회사 내부에 엄청난 사내유보금을 축적해둔 채 사실상 투자, 고용은 눈치를 보며 흉내만 내는 듯 보이는 현재의 상황에 대해서는 개인적으로 우려하고 있습니다.

이런 상황은 애초에 대기업을 포함한 부유층에 대한 각종 혜택을 통해 '낙수효과'로써 경제성장을 주도해나가려는 신자유주의적 정책의 실효성을 상당히 의심케 하는 경우입니다. 이러한 안타까운 상황에서 정부가 기업으로부터 거두는 세수를 확대하여 이를 재원으로 복지를 두텁게 함으로써(위 글의 상황과는 정반대의 상황에 처한) 비정규직에 종사할 수밖에 없는 다수의 노동자에게 정책적으로 도움을 주는 방향을 고민할 필요가 있다고 봅니다.

현 신자유주의 체제하의 상황에서는 사실상 다수의 노동자는 비정규직으로 인한 열악한 임금(물가상승은 거의 반영되지 않는)과 정부의 부유층과 대기업에의 과도한 세제혜택으로 인한 세수부족을 이유로 사실상 방치하는 열악한 복지에 시달리게 되는 이중고의 어려움을 겪는 상황이 흔하게 목격되는 것 같습니다.

허위광고는 아닐 것이다

온갖 공해와 폐수를 배출하며 제품을 생산한 뒤 겉 포장지는 친환경을 내세울 만한 것으로 세련되고 정갈하게 포장하여 친환경기업 이미지를 내세운 광고를 해댄다면 허위광고는 아닐 것이다. 포장지는 친환경이 맞으니까.

평소 부자들에게 거둘 세금을 줄여주고 대기업의 비정규직 대량양산을 너그러이 이해해주는 것이 곧 그들이 더 열심히 일할 동기를 제공하는 것이 됨으로써 결과적으로 이 사회가 더 잘사는 길이 된다는 암묵적 동의하에, 세금은 오히려 근로자와 서민들로부터 교묘하게 더 거둬들이려는 궁리를 하고 복지의 확대는 복지병을 유발하며 거대정부로 나아가는 계기가 됨으로써 결과적으로 개인의 자유가 위협받을 수 있다고 믿으며, 복지는 최소화하는 것이 좋다는 논리를 선호하는 보수정당이 당연히 책정되어야 할 서민을 위한 복지 관련 예산을 최소한으로 확보한 뒤 '올해에도 서민을 위한 복지예산 수

천억을 확보하는 데 성공하였습니다. 서민 경제를 위해 노력하는 정당.' 이라고 현수막을 내걸고 홍보한다면 이것은 앞에서 언급한 친환경기업을 표방한 사례와 마찬가지로 허위광고는 아닐 것이다.

그를 슬프게 만든 찬사

  식탐 많은 A가 불행해지기를 바라는 B는 그가 음식 앞에서 절제하지 못하는 순간 나무라는 대신 오히려 그의 왕성한 식욕을 칭찬하기로 한다. A는 본인의 무절제한 과식으로 인해 어느 날 건강 이상이 올 때에야 비로소 스스로를 자책하며 그동안 본인의 식탐을 부추기며 은근히 즐거워했던 자가 누구였는지를 하나둘 떠올리게 될지도 모른다. 하지만 어쩌겠는가. 이미 뚱뚱해진 본인의 모습과 나빠진 건강과 마주해야 하는 것을.

  평소 건방진 B가 불행해지기를 바라는 C는 B가 거만하게 굴 때 오히려 그의 당당한 태도가 보기 좋다고 추켜세워주기로 한다. B는 언젠가 본인의 거만함으로 인해 사회생활에서의 큰 불이익을 겪을 때라야 비로소 본인의 거만함을 돌아보며 뉘우칠 수 있을지도 모른다. 동시에 그의 거만함을 그동안 누가 나무랐고 누가 교묘한 찬사와 함께 은근히 부추겼는지를 곱씹어 볼 수도 있을 것이다.

　(이 글은 A와 B 모두 자기성찰을 평소에 거의 하지 않았음을 전제로 쓴 글이다. 만약 그들이 자기성찰을 꾸준히 해왔더라면 이 글에서처럼 안타까운 경우는 발생하지 않았을 것이다.)

A가 있다. 어느 날 A는 성공하게 되어 사람들의 친절함과 호의적 관심에 익숙해지고 어딜 가든 VIP 대우를 받게 된다. A는 이제 누군가가 본인을 대접할 때 조금만 퉁명스럽거나 최고급이라 여겨지지 않는 품목으로 대접하면 겉으론 웃지만 내심 섭섭함과 함께 분노를 느낀다.

어느 날 A의 예전 지인들이 그를 초대하여 소박한 밥상을 내오자 A는 크게 실망하여 대충 시간을 보내고 그 자리를 벗어나며 '사람대접에 어찌 이리도 소홀한지 기본이 안 되어있는 사람들일세. 다시는 상종하지 말아야겠다.'고 생각한다.

폭넓은 인맥을 형성하며 사회생활을 충실히 해야겠다고 결심한 B가 있다. B는 온갖 처세서와 비즈니스 매너, 기본 사교 예절, 교양 있는 대화를 위한 상식을 다룬 책들을 열심히 공부하기 시작했다. B는 이제 누구를 만나건 예의에 어긋나지 않고 품위 있게 보일 수 있음에 더없이 당당해한다.

한편 그는 예전에는 몰랐으나 이제는 수많은 형식적 예절에 관한 탄탄한 학습으로 인해 몰상식과 예의 없음으로 간주될 수 있는 주위 사람들의 사소한 행동 하나하나가 못마땅하게 여겨지기 시작했다. 따라서 예전에는 화기애애했던 지인들과의 만남이 이제는 그들의 사소한 행위에도 B는 경우 없는 몰상식으로 판단하며 예민하게 굴게 되었다. 이로 인해 친목의 자리가 싸늘해지기 시작하면서 예전 지인들은 서서히 B의 연락을 피하기 시작했다.

시간이 지나 B는 지인들이 그의 연락을 일부러 피한다는 사실을 알아차리게 되었다. 그는 지금까지 공부한 풍성한 인맥을 위해 공부한 사회적 예절이 진정 무엇을 위한 것인가 반문해본 뒤 사회적 예절을 공부하는 것은 타인과의 관계에서 실수하지 않기 위함이지, 그것을 잣대로 남을 교양 없다 업신여기기 위함은 아님을 비로소 알아차리게 되었다고 한다.

장면에의 탐닉

　과학기술의 발전으로 일상의 편리함이 도처에 널려있던 각
종 생활상의 불편들을 서서히 몰아내기 시작했고, 편리함의
효용이 일상에 만연해지는 만큼 과거에는 아무런 이목을 끌
지 못한 사소한 불편이 이제는 돋보기처럼 확대되어 쉽게 공
론화되곤 하는 풍경이 흔하게 목격된다. 즉, 생활의 편리함에
비례하여 불편에 대한 혐오와 예민함도 덩달아 높아져가고
있다고 볼 수 있겠다.

　일상생활에서의 편리의 추구와 불편에 대한 예민함의 관성
적 증가는 삶의 일반적인 여러 장면에 대해서도 유사한 접근
태도를 유발하게 되는 듯하다. 즉, 삶에 있어 유쾌하고도 즐거
운 장면들은 찬미하고 이를 최대한 오래 음미하려는 반면 그
렇지 못한 어두운 장면으로부터는 가급적 벗어나 전자의 아
름다운 장면에로 늘 도피하고자 하는 나약함이랄까.

　이러한 경우를 인지한(여론의 선호와 트렌드에 민감한) 여

러 대중매체와 각종 장치들에 의해 삶의 특정 장면들은 분절
되고 예리하게 포착당함으로써, 가령 로맨틱한 순간과 짜릿
하고 흥겨운 순간을 포함한 온갖 황홀함과 아름다움의 순간
들로 구성된 순도 높은 가공의 시각적·청각적 상품들이 범람
한다. 이는 관람자로 하여금 저마다의 다양한 방식으로 이를
음미하고 탐닉하게끔 유도함으로써 일상의 각종 불쾌함과 음
울함으로부터 쉽게 벗어날 수 있도록 가공의 안식처를 제공
하는 경우가 있는 듯하다.

생활의 편리함을 도모하고 즐거운 장면에의 추구를 위해
노력하는 것은 자연스러우나, 편리함의 집착으로 점점 더 사
소한 불편을 견디지 못하고 삶의 즐거운 장면만을 탐닉하며
음울한 장면으로부터는 앞서 언급한 순도 높은 가공의 상품
들에 파묻혀 그저 도피하려하는 나약한 태도는 마치 발밑에
냄새나는 오물을 방치하며 코앞에 향수를 들이밀고 그 향에
황홀해하는 장면으로 연상된다.

향수에 취한 채 늘어나는 오물을 방치하다간 늘어나는 오
물과 향수의 간극만큼 삶에의 우울은 덩달아 높아지기 마련
이다.

이런 사회

1. 대를 이어 생활고와 가계부채로 허덕이며 빈곤층에서 벗어나지 못하는 사람들이 점점 늘어나는 상황에서 빈곤층을 탈출한 운 좋고 능력 있는 극소수의 경우를 언급하며 '거봐라, 이 사회는 누구나 노력하면 성공할 수 있는 곳이라니깐. 빈곤층에서 벗어나지 못하는 건 순전히 그 사람의 나태함 때문이야.' 라고 진지하게 믿는 일부 사회지도층의 모습.

2. 명문대 졸업장과 같은 학력 자본의 위력이 개인의 노력과 능력보다 더 인정받는 경우가 만연한 구조적인 상황에서 이를 묵인한 채 '지나친 입시경쟁으로 인한 폐해가 심각하니 이에 대한 대책을 세워야 한다' 며 매번 엉뚱한 곳에 진지한 노력을 기울이는 일부 고위공직자의 모습.

3. 비정규직에 종사하며 비현실적인 임금으로 인해 경제적

으로 어려움을 겪는 사람들이 늘어나는 가운데 '복지는 복지병을 유발하고 경제성장에 별로 도움 되지 않으니 최소한에 그쳐야 한다' 고 믿으며 그에 걸맞은 행보를 보이는 바람에 다수의 사람들이 빈약한 복지와 저임금에 시달리게 되지만, 정부는 국력의 신장을 위해선 어쩔 수 없다는 태도로 공허한 구호와 형식적 제스처만을 보이며 사실상 이를 방관하는 모습.

1. 어떤 사람이 사회적 지위가 높아지게 되면 타인과의 관계에서 점점 '갑'으로서의 상대적 우위를 점하게 될 가능성이 높지만 그 갑으로서의 지위가 어느 수준 이상 높아지게 되면 그 갑에게 있어 눈치 봐야 할 갑은 오히려 '을'이 될 수도 있다. 즉, 일례로 사회적 지위의 최정점에 놓여있다고 볼 수 있는 대통령은 행정부 산하 공무원에게 있어서는 갑이지만 국민 개개인에게는 잘 보여야 하는 을의 처지인 것이다.

2. 권위 있는 철학사가의 권위는 도서관에 보관된 오래된 옛 철학적 관념들에의 풍부한 앎에서 비롯되며, 철학사가는 이 풍부한 앎으로부터 비롯되는 철학사가의 권위를 위협할 수 있는 새로운 철학의 등장에는 의외로 오히려 관심이 극히 드물 가능성이 있다.

새로운 철학의 등장은 곧 본인의 철학적 권위의 토대인 풍부한 앎의 상태를 위협한다고 느낄 수도 있을 것이며 동시에 새로운 관념에의 학습의 피로감을 동반하기 쉬우니, 대중이 새로운 철학에 대해 관심을 가지기 전에는 의도적으로 침묵할 수도 있을 것이다.

대중이 새로운 철학에 대해 서서히 논할 때 즈음에야 비로소 본인의 권위의 바탕이 되는 풍부한 앎의 상태를 유지하기 위해 등 떠밀려 새로운 철학에 진지한 관심을 가지며 이에 대해 논하게 될지도 모른다.

3. 못생기고 대머리라도 매력이 있으면 '비록 ~지만' 이라는 언급과 함께 이성적 호감을 표현하는 상대가 존재할 수 있다. 반면 이목구비가 뚜렷하고 키 크고 머리숱이 많아도 매력이 부족하면 '자꾸 보니 질린다' 혹은 '왠지 좀 부담스럽다' 는 등 하며 의외로 이성적 호감을 표현하는 상대가 드물 가능성이 있다.

이성 호감의 측면에 있어 중요한 것은 키와 머리숱 같은 외모적 조건보다는 매력인데, 이 매력을 어떻게 함양할 것인가는 본인을 잘 관찰하여 본인의 장점을 키워나가는 데에 달려 있다고 본다. 본인의 장점에의 함양으로 스스로 당당한 사람은 대개 매력적이지 않던가?

어느 멋진 후원자가 되기 위해

어떤 화가의 그림이 전에 없는 새로움이 가득하다면 주류 비평가들이 악평을 하거나 기괴하다 여겨 외면하고 있을 때 그것을 사는 것이 현명하다. 그것이 훗날 피카소의 '아비뇽의 처녀들'과 같은 작품이 될 줄 누가 알랴?

많은 주류 비평가들이 찬사를 늘어놓는 작품들에 구매의 관심을 가지는 것은 주식전문가들이 TV에서 추천해주는 이미 오를 대로 오른 주식들에 관심을 가지는 것과 비슷하다(물론 예외는 있다).

아직 주류 비평가들이 외면하지만 새로움으로 가득한 작품은 대개 값이 그리 비싸지 않을 뿐더러 그 작가는 무명으로서 생활상의 곤란함을 겪고 있는 경우가 흔하니, 그들의 작품을 많이 구매해줌으로써 예술가가 지속적으로 예술활동을 할 수 있도록 후원해줌은 훗날 그 작가의 작품으로 인해 감상의 즐거움을 누리게 될 많은 감상자들에게도 큰 덕행을 하는 셈이다.

우선 자기만의 관법, 안목이 있어야 주류 비평가들의 입만 쳐다보는 어리석음은 피할 수 있다.

타인의 캔버스에 터를 잡지 않는다는 것

서양미술에서 흔히 볼 수 있는 큐비즘 혹은 야수주의, 추상표현주의 하는 '~즘', '~주의' 하는 개념은 예술세계에 있어서 하나의 예술적 '관법'이라 볼 수 있다. 즉, 이러한 관법은 예술가의 예술에 있어서 하나의 관점이자 이론(세상을 바라보는 방식이자 관점이 되기도 하고)이며, 예술작품으로의 표현에 있어 하나의 지침이자 판단 기준이 되는 것이다.

이러한 기존의 유행하는 '~리즘'이니 '~주의'에 기대어 작품을 하는 것은 엄밀하고도 냉정하게 말하자면 그러한 관법을 창시한 자의 캔버스 안에 사실상 안주하며 그 안에서 자기만의 예술적 감성을 표현하기에 바쁜 모습이다.

다른 사람의 캔버스에 안주하기를 거부하는 자존심 강한 예술가는 다른 사람의 예술적 관법은 잠시 자기만의 예술적 관법을 모색해가는 과정에서 일시적으로 거쳐 가거나 실험적 차원에서 머무를 뿐, 다른 사람의 캔버스에 아예 터를 잡지는 않는다. 다른 사람의 인정을 받고 조명 받기를 거부한 채 순수한 예술 그 자체를 추구하는 자라면(과연 이러한 분이 존재할까 의문이지만) 전시회를 열지도 않고 자기만의 아틀리에에서 비밀리에 예술활동을 할 것이다. 그렇지 않은가?

하지만 전시회를 열고 자신의 작품을 타인에게 공개한다는 행위는 예술가로서 인정받고자 하는 욕망이 있기에 가능한 것이라 봐도 무방하다. 예술가라면 내심 미술사에 기록되는 '~의 아버지' 소리를 듣고 싶은 게 자연스런 욕망 아니겠는가?

그렇다면 어서 빨리 다른 사람의 예술적 관법에서 벗어나 자기만의 예술적 관법을 형성해갈 준비를 해야 한다.

(만약 이 글을 읽고 순수한 예술에 대한 속물적 접근이니 일류지상주의니 하는 비판을 하는 예술가가 있다면 당신은 왜 자신의 작품을 타인에게 공개하는지 묻고 싶다. 나는 이 글을 읽는 분으로 하여금 예술가로서 크게 인정받는 데 조금이나마 도움이 되었으면 하는 바람에서 쓰는 것이니 오해 없으시길 바랍니다.)

IV

저녁의 철학

스마트폰은 잠시 놔두고 책을 펼쳐보다

견디다 보면

　본인이 평소 동원 가능한 금액의 한도를 훨씬 초과하는 금전적 채무를 불운으로 인해 겪게 되면(금전적 채무가 원인이 아닌) 저마다의 사적인 이유들로 그리 행복해보이지 않는 사람들을 볼 때 '저게 그리도 우울해할 일인가' 하며 '본인이 처한 상황이 얼마나 행복한 줄도 모르고' 하는 생각이 들기도 한다.

　그런데 운이 좋아 그 채무를 갚고 시간이 조금만 지나보면 예전에 행복한 줄 모른다고 혀를 끌끌 차는 계기가 되었던 타인의 안타까움을 본인이 현재 느끼는 우울함에서 발견할 가능성이 있다. 과거 빚으로 인해 괴로움을 견딜 때엔 금전적 채무라는 엄청난 비극이 '고민의 공간'[22]을 비중 있게 차지했기에 다른 고민들이 상대적으로 사소하게 느껴졌을 뿐이다. 금

---

22) 『일상철학』 1권 참조.

전적 채무가 해결되자마자 다른 고민의 조연들이 주연의 자리를 차지하며 괴롭히기 시작한다.

다만 엄청난 비극을 견뎌본 자는 다른 고민의 주연들이 모습을 바꿔가며 지속적으로 다가와도 이를 견뎌내는 수준이 높아지게 되고 힘든 시기는 잘 버텨내기만 하면 언제든 좋은 상황을 맞이할 수 있음을 경험적으로 알기에 이상을 추구하는 데 있어 더 큰 용기와 의연함을 보일 수 있다.

비극은 느닷없이 오기도 하지만 언제 그랬냐는 듯 홀연히 모습을 감추며 능청을 떨기도 하니, 비극이 왔을 땐 비극 너머의 더 성숙해질 본인의 모습을 염두에 두며 그 순간을 의연히 잘 견뎌내는 것이 현명한 태도가 아닐까.

추세의 힘

　특정한 방향으로 연속적으로 전개되어가는 사회적 현상 이면에는 추세가 있다. 이 추세를 아는 자는 눈앞의 사회적 현상이 일정한 방향성을 띠게 되면 다른 사람들이 그 현상만을 두고 그에 대해 왈가왈부할 때 그 이면의 추세의 지속 가능성을 예의주시할 것이다. 눈앞의 현상이 향하는 방향성을 선호하는 사람일수록 현상과 관련하여 결정된 사안에 대해 그 당위성을 강조하며 추세의 지속적 전개를 도모하려 할 것이다.

　이 추세의 힘은 그 방향에 대한 당위성이 폭넓게 인정받음으로써 한 번 추진력이 생기기 시작하면 그 추세 전개의 결과와 관련하여 큰 의문과 성찰을 요구하는 사건이 발생하기 전까지는 꾸준히 지속되는 경향이 있다.

보다 합리적인 사회에 대한 단상

　합리적인 사회를 위해 정부는 자유시장경제의 역동성과 경쟁의 효율성 그리고 혁신을 추구하는 기업가정신의 긍정성을 인정하고 이를 정책적으로 독려해준다. 동시에 지나친 규제와 지나친 규제 완화의 양극단을 경계하며 노동시장의 유연화에 따른 비정규직의 지나친 양산에의 허용은 결과적으로 비현실적인 임금에 따른(사회구성원 대다수에 해당하는) 근로자의 삶의 질을 심각하게 위협할 수 있으니 정책적으로 이를 감시하고 견제한다.

　금융은 산업과 경제주체의 원활한 경제활동을 돕는 본래의 보조적 기능에 머물러야 하며 이를 넘어서는 과도한 비중확대에 따른(투기적 이윤추구의 장으로 전락함으로써) 다른 산업에 민폐를 끼치는 일이 없도록 엄격한 규제와 감시가 필요하다.

　사회경제적 차원에서 탁월하고도 높은 성과를 거두어 사회에 긍정적 영향을 가져다준 자는 그 성과에 걸맞은 합당한 보상을 누리게 하되, 경쟁에서 낙오되는 사람들은 소외받지 않고 인간다운 삶을 영위하는 데 필요한 경제적 수준을 유지할 수 있도록 이를 보편적 복지의 확대를 통해 뒷받침함으로써 사유재산의 격차에서 기인하는 사회적 갈등과 긴장을 완화하도록 노력한다.

보편적 복지의 확대에 필요한 세수확보에 있어서 세율은 투자와 근로의욕을 심각하게 저해하지 않는 수준에서(특히 부유층에 대해서는) 다소 높지만 지나치게 높지는 않는 합리적인 수준의 세율을 유지하려는 노력을 하면서도 보편적 복지의 확충에 따른 정부 규모의 확대가 권위주의와 관료주의를 야기하지 않도록 시민사회의 지속적인 감시와 견제가 필요하다.

냉정한 세계정세를 고려하여 경제력과 국방력을 비롯한 국력의 신장을 추구하되 이를 위해 국내에서 약자의 일방적인 희생과 사회구성원의 무조건적인 단결을 지나치게 강요하는 성장제일주의적이면서도 전체주의적 태도(물론 국가비상태와 같은 특수한 상황에서 정부주도하의 단결에의 요구는 자연스럽고 합당할 것입니다)를 경계할 수 있는 정부와 시민사회의 성숙한 태도가 필요하다.

아름다운 존재

아직 놀고 싶어 하는 사람들이 주위에 가득할 때 조용히 방 한편에 서재를 마련하는 사람.

누군가 호기심에 서재로 다가와 책을 볼 수 있게끔 책상과 조명을 마련해두는 사람.

누군가가 '왜 너는 미련하게 사람들이 즐기고 있는데 쓸데 없는 짓을 하냐'고 나무라도 묵묵히 좋은 책들을 조달해 서재 에 채워 넣는 사람.

주위에서 다들 즐기는 데에 열중하거나 일에 지쳐 자기 바 쁘다 해도 이에 우울해하지 않고 묵묵히 방 한편에 멋진 서재 를 마련하는 사람.

시간이 지나 사람들이 놀다 지쳐 방을 돌아볼 때 잘 마련된 서재와 책상의 차분함에 이끌려 하나둘 책을 찾게 되면서 '무 엇을 위한 놀이이고 일하기인가'와 '삶의 방향성'에 대해 진 지하게 사색해보게 됨에 따라 결과적으로 존재의 더 나은 삶과 성숙에의 추구에 유익한 기여를 하게 되는 것에 뿌듯해하는 사람.

그리고 이미 마련한 서재에 안주하지 않고 지속적으로 덕행을 하며 끊임없이 성숙을 추구하는 사람.

홍보에 대한 단상

어떤 대상을 홍보하여 널리 알린다는 것은 보다 많은 사람들로 하여금 그 대상에 대해 한 번 이상 떠올리게 되는 계기를 제공한다는 의미와 같다. 대상을 떠올림으로써 그 대상에 대해 감정과 욕망을 느끼게 되고 누군가와 그 대상에 대해 논할 수도 있게 되는 것이다. 물론 홍보의 순간 그것을 최초로 접하게 될 때 이미 그 대상과 관련한 감정과 욕망을 느끼게 될 것이지만, 홍보를 계기로 한 그 대상의 존재함에 대한 인지는 추후에 그 대상을 다시금 떠올리는 것을 가능케 할 것이다.

사람들이 그 대상에 대한 떠올림의 순간 느끼게 되는 개인적인 감정과 욕망에 있어 얼마나 우호적인 감응을 유발하느냐에 따라 홍보에 따른 인지도가 홍보를 통해 도모하고자 하는 목적에 얼마나 유익한 기여를 하게 될지를 규정하게 될 것이다.

이 유익한 기여의 수준은 평소 그 대상을 홍보하는 자의 지속적인 바람직한 노력의 수준과 더불어 우호적인 상황적 흐름의 전개 여부에 달려있다고도 볼 수 있겠다.

B의 우아함

　약소국 내의 사회적 약자 A는 같은 사회의 상류층에 해당되는 B의 우아함과 세련되어 보이는 삶의 모습에 대해 부러워할 수도 있을 것이다. 하지만 A가 사회적으로 성공을 거둠으로써 사회지도층에 점점 가까이 다가갈수록 과거에는 마냥 부러워하며 동경했던 B의 우아함과 세련된 삶이 좀 더 냉철하게 파악되기 시작했다.

　B의 우아함과 세련됨의 원류는 주로 강대국의 언어를 포함한 주류 문화에서 비롯되고 있으며 B의 우아함 이면에는 태생적 한계(?)로 사실상 강대국의 주류에 편입되지 못하는, 강대국에 가면 상대적 약자이자 비주류로 전락하고 마는 약소국 상류층의 열등감과 좌절감이 도사리고 있었다. 이로 인해 강대국의 주류의 유창한 언어와 문화에 더욱 집착하며 사회 내의 비주류에 대한 멸시와 구분 짓기를 통해 이러한 열등감을 달래고 있었다.

본인의 자식이라도 강대국의 주류 근처에 가까이 다가가길 바라며 어린 자식을 해외로 유학을 보내고 마는 처절한 눈물의 투쟁이 B의 우아함 속에 베여있었음을 알게 된다(물론 약소국의 상류층이 다 B와 같은 사대주의적 열등감에 괴로워하는 것은 아닐 것이다. 다만 B가 좀 특이하고 유별난 것일 것이다).

지식에 대한 판단

본인의 더 나은 삶과 성숙에의 추구(깨우침을 추구하는 경우 계제의 성취)와 본인만의 관법을 형성해가는 데 크게 유익하며 더 나아가 올바른 방향성을 추구하고 지속적으로 덕행함으로써 선인선과에 따른 스스로 더 존귀해지는 데 크게 유익한 지식은 그 지식을 앎 그 자체로 큰 기회이며 그 지식을 공부하기로 결단하는 것은 큰 복이라고 볼 수 있다.

어떤 학문을 공부함으로써 올바른 방향성을 추구하며 본인의 더 나은 삶과 성숙에의 추구에 크게 이로움을 누리게 된다면 그것이야말로 본인에게 있어 큰 복이 아니겠는가.

누군가가 이러한 유익한 지식을 알게 되었다면 머뭇거릴수록 아쉬움이 있으니 열심히 공부하여 부단한 성숙을 추구함과 동시에 보다 많은 사람들이 성숙의 추구에 있어서 본인과 같은 유익한 기회를 누릴 수 있도록 이러한 지식을 널리 알리는 것이 그 행위 자체로도 큰 덕행이 된다.23)

반면 어떤 지식이 현란한 미사여구를 동원하여 유혹을 하지만 누군가가 그 지식을 공부할수록 특정 존재를 정신적으로 숭배하고 의존하게 만들며 동시에 그 지식 이외에 어떠한 본인만의 관점도 가질 수 없도록 하는 사실상 정신적 노예로 전락시키는 지식이 있다면 이는 철저히 경계해야만 한다. 그러한 성숙에 큰 해악을 끼치는 특정 존재를 숭배하게 하고 그 존재에 정신적으로 의존하게 하며 교묘하게 그 존재를 위한 삶을 살게 만드는 실질적인 정신적 노예로 길들이는 지식은 철저히 경계하는 것이 본인의 더 나은 삶과 성숙의 추구에 있어서 크게 현명한 태도일 것이다.

(참고로 어떤 지식을 바라볼 때 그 지식이 무엇을 위한 것이며 그 지식이 지향하는 바는 무엇인지를 볼 수 있는 안목과 통찰이 정말 중요한 지성인의 덕목이라 할 것입니다.)

---

23) 제가 추천해드리고 싶은 크게 유익한 학문은 '자천학' 입니다.

1. 사회적 직위가 높아질수록 그에 비례하여 본인의 선택의 폭과 그에 따른 책임은 커져간다. 선택의 폭과 그 영향력이 커질수록 선택에 관한 고뇌도 깊어지며 이 선택의 고뇌를 얼마나 잘 견뎌내느냐 그리고 얼마나 현명한 선택을 연속적으로 내릴 수 있느냐에 따라 그 사회적 직위를 그 사람이 얼마나 잘 수행할 수 있을지를 가늠해볼 수 있겠다.

2. 본인이 순간적으로 불안을 느꼈기에 현재 불안하게 된 사안에 대해 갑자기 불안을 느끼게 된 것인가 아니면 현재 불안해하는 사안이 충분히 고뇌를 야기할만한 것이기에 자연스럽게 불안을 느끼는 것인가. 만약 현재 불안해하는 사안과 관련해서 전혀 나아진 것이 없을지라도 시간이 지나 불안이 완화되어 평온함을 느끼는 경우라면 어떨까. 단지 불안이 순간적으로 느껴졌었기에 그에 따라 이전에 불안해했던 사안에

대해 덩달아 불안함을 느꼈던 것이 아닐까.

3. A를 비난하는 B가 늘 A의 발목을 잡으려 들고 어떻게든 사사건건 시비하려는 존재로 기대된다면 B가 A에게 어떤 비난을 하든 A는 그의 비난을 편하게 신경 쓰지 않을 수 있다. 하지만 A의 발목을 잡으려는 존재로 기대되지 않는 C가 A를 교묘한 찬사와 더불어 비난하게 되면 A는 C의 교묘한 비난을 마냥 편하게 지나치긴 어려울지도 모른다.

제3자가 봤을 때 A에 대한 B의 비난은 '그저 또 그러려니' 하며 큰 관심을 가지지 않게 되는 측면이 있지만 C의 비난은 B의 말보다는 조금 더 진정성 있게 바라봐줄 가능성이 있다. 하지만 C가 B와 마찬가지로 '그저 A의 발목을 잡으려는 존재'로 비춰지는 순간, 사람들은 A에 대한 그의 평가에 대해 이제는 그저 심드렁하게 반응하게 될 것이다.

평소처럼 했을 뿐인데

만약 폭력을 휘둘러도 아무런 법적제재를 받지 않는 특수한 상황과 장소에 머무는 경우가 있다 하더라도 현명한 사람은 가급적 대화를 하려 하지 폭력의 사용에는 신중할 것이다.

현명한 사람이란 스스로 더 나아지고 성숙해지려 하는 사람으로서 대화로 해결할 수 있는 사안은 대화로 접근하고 다른 사안에 있어서도 가급적 대화로 해결해감에 따라 그 사람의 '경향성'은 상대방에게 함부로 해를 끼치지 않고 존중하려는 방향으로 형성되어간다.

상대방이 일방적으로 폭력을 휘둘러 불가피하게 무력으로써 이를 저지해야 하는 상황이 아닌 한 상대방에 대한 존중은 그에 부합하는 우호적인 결과를 야기할 가능성이 높고, 이러한 상황의 연속됨은 점점 더 본인이 살아가는 데에 있어 우호적인 상황의 전개에 큰 기여를 할 가능성이 높다.

반면 당장 눈앞의 폭력 행사에 대해 어떠한 법적제재가 보이지 않고 눈앞의 상대에게 폭력을 휘두름으로써 쉽게 상황이 해결된다고 믿는 어리석은 자는 폭력을 휘둘러 쉽게 눈앞의 상황을 해결하려 할 것이다. 그 사람은 앞으로 다가오는 상황의 대처에 있어서도 대화보다는 가급적 폭력을 휘두르려는 '경향성'이 서서히 형성되어 충분히 대화로 해결될 것을 본인의 경향성으로 인해 굳이 주먹을 휘두르게 되는 안타까운 상황에 직면하게 될 것이다.

이 어리석은 자는 폭력을 휘두르고 살면서 비록 어떠한 법적제재를 받지는 않았으나 그의 폭력으로 인해 피해를 입은 사람들과 그의 친지들에 의한 사적인 보복을 늘 경계해야 하는 불안과 공포를 견뎌야 하며, 가급적 주먹을 휘둘러 상황을 빨리 해결하려는 조급한 경향성으로 인해 재수 없는 날 약골처럼 보이는 무예의 고수에게 평소처럼 주먹을 휘두르다 한 방에 나가떨어지는 불운이 있을 것이다.

이 경향성의 위력은 평소 술자리에서 이성들을 대놓고 성희롱해도 아무런 제재 없이 순탄히 살아온 사람이 어느 재수 없는 날(?) 누군가의 제보로 변태란 낙인과 함께 SNS에 오르내리며 엄청난 치욕을 견뎌야 하는 상황에서 잘 알 수 있다. 이 경우 성희롱을 자연스럽게 여기는 그의 경향성이 그를 치욕스런 상황으로 서서히 몰고 갔으나 그러한 안타까운 경향성의 책임은 본인에게 있으니, 그는 치욕을 계기로 스스로에

대한 성찰과 더불어 더 성숙해짐을 추구해야 현명한 태도라
고 볼 수 있을 것이다.

같은 도시에 살더라도

　한 도시에서 평생을 살아도 나잇대별로 그 도시에 주로 머무는 장소상의 동선은 자연스럽게 변한다는 것은 쉽게 알 수가 있다.

　10대 때 주로 머물고 활보한 곳과 30대 때의 동선은 서로 다르며 만약 소도시의 경우 유흥과 즐길 거리가 한 번화가에 밀집되어 있다 하더라도 그 안에서의 동선은 나잇대별로 서로 미묘하게 다르다. 나이가 변한다는 것에는 그 동선 또한 자연스레 변할 수 있다는 의미를 내포한다.

　특정 나잇대별로 주로 선호하며 머무르는 장소에는 그 장소마다 특유의 논리와 분위기가 자리 잡고 있다. 늘 반복되는 동선에 권태를 느껴 신선한 자극을 원한다면 굳이 멀리 여행을 다녀올 필요 없이 도시 내의 다른 연령대가 선호하는 장소상의 동선을 따라 죽 한번 돌아보면 된다. 아마 평소 본인의 연령대와는 조금은 다른 정서와 논리, 분위기를 통해 무언가 새로움을 느낄 수도 있을 것이다.

작품의 아우라

예술작품은 예술가의 '관' 을 구현한 하나의 '텍스트' 다. 예술가의 관이 붓으로 표현된 것은 회화, 끌과 정으로 표현된 것은 조각, 카메라를 통해 표현된 것은 사진이다. 예술적 표현수단의 차이가 있을 뿐 예술작품의 본질은 예술가의 관에 예술적 감성과 기교를 버무려 표현해내는 것이다.

예술가의 관의 수준(해당 예술가의 관이 얼마나 기존의 예술 관련 지식·이론에서 '진일보' 하였는지 그 진일보의 수준과 독창성의 수준을 의미. 일례로 과거 그 당시 세잔의 회화와 피카소의 큐비즘, 마티스의 포비즘을 떠올려보라. 그들의 관이 그 당시 예술적 지식, 이론, 상식으로부터 얼마나 진일보한 독창적인 것이던가.)이 작품에서 풍겨져 나오는 예술적 깊이를 규정하고, 예술가의 예술적 감성과 기교가 작품의 세련미를 규정함으로서 이러한 깊이와 세련미가 작품의 아우라를 규정한다고 나는 생각한다.

예술가의 '관'은 본인의 세상을 바라보는 관점, 시선으로 본인만의 판단 기준으로 작용하기도 한다. 특정 예술가의 관은 그 예술가의 '바탕지식'에서 비롯된다. 이 '바탕지식'은 그 예술가가 추구하는 삶의 방향성에서 근본적으로 비롯되며 특정한 삶의 방향성에의 추구는 그에 부합하는 가치관을 낳고, 이 가치관을 바탕으로 본인만의 바탕지식을 형성하게 되며, 이 바탕지식이 곧 본인만의 관이 된다.

비싼 사이다

A는 커피숍에 왔다. 캔 사이다를 하나 마시려는데 가격이 무려 동네 슈퍼 판매가의 3배나 된다. A는 순간 화가 치밀어 눈앞의 카페주인이 폭리를 취하는 악덕업자로 보이기 시작한다.

A는 친구 B에게 "무슨 캔 사이다가 3,000원씩이냐 하냐. 가뜩이나 지갑이 얇아져 짜증나는데." 하며 투덜댄다. 친구 B는 카페 사장이 인테리어비를 포함하여 지출한 초기 투자비용과 매달 내야 하는 임대료와 인건비 기타 운영비용이 결코 적지 않음을 그 캔 사이다 가격 3,000원이 웅변해주고 있음을 알기에 그저 A의 불평에 "그래, 사이다가 좀 비싸긴 하지." 하며 맞장구를 쳐줄 뿐이다.

작은 캔 사이다가 3,000원이나 하는 사실은 그것만을 두고 보면 분명 소비자 입장에서는 짜증날 수 있는 일이다. 하지만 왜 판매자가 그것을 3,000원이나 받고 판매해야 하는지 그 이면의 사정을 들여다보면 짜증은 나도 그를 마냥 도덕적인 차원에서 비난하기는 어려운 경우가 있을 수 있다.

여러 사회현상을 볼 때에도 표면적으로 드러난 사실만 두고 본다면 제3자의 입장에서 볼 때 분명 짜증스럽고 충분히 비난의 소지가 있는 일이 존재할 수 있지만, 그 이면의 사정을 상세히 알고 있는 경우라면 이를 쉽게 비난하기 어려운 경우가 더러 있을 수 있다.

하지만 그 표면적으로 드러난 사실이 사회적 차원에서 개선의 당위성을 내포하고 있는 경우라면 A의 경우처럼 '그래도 사이다 3,000원은 너무한 것이 아닌가' 하듯 따져보는 것이 사회적 진보를 이끌어가는 시민으로서 하나의 의무가 되지 않을까 생각한다.

1. 매력에 대해 재밌게 논해보자. 매력적인 사람은 타인에게 매력적으로 보일 수 있는 부분들이 있기 마련이다. 매력적인 사람들의 저마다의 서로 다른 매력적 모습 너머의 그들이 누리는 매력의 본질적 측면을 한번 재미로 살펴보면 어떨까.

가령 여기에 남자 A와 B가 있다. A는 평소 학구적인 느낌을 풍기는 평범한 남자고 B는 약간 마초적 느낌을 풍기는 평범한 남자다. 어느 날 A와 B는 운 좋게 매력의 본질적 측면을 자연스레 누리게 되었다. 그 결과 A는 평소 타고난 학구적인 외모와 분위기가 더욱 긍정적이고 호감적으로 발현되게 되었고, B도 A와 마찬가지로 타고난 마초적 분위기가 더욱 호감적으로 발현되게 되었다.

우연히 매력적인 인물에 대한 탐구를 하는 C가 A와 B를 보고는 'A는 깔끔한 셔츠에 뿔테안경을 끼고 발음이 분명해 지성인의 매력을 발산하고 있었고, B는 잘 단련된 근육에 과감한 헤어스타일과 적극적 태도가 더욱 남성적 매력이 돋보이게 하였다.' 라고 그의 매력남 유형 탐구일지에 기록하게 되었다.

하지만 C는 A와 B가 보여주는 각각의 매력적 모습 너머의 매력의 본질적 측면을 보지 못한 채 그저 눈앞에 드러나 보이는 즉, 매력의 본질적 측면이 자연스레 외부적으로 발현되어 드러나 보이는 모습에 초점을 맞추어 이를 A와 B의 매력의 이유로 논하는 아쉬움을 보이고 있다.

(이해를 돕기 위해 한마디 첨부해보자면 B의 경우 매력의 본질적 측면을 누리기 전의 평범한 시절에도 잘 단련된 근육, 과감한 헤어스타일과 적극적 태도를 이미 보이고 있었다. C가 매력남 유형 탐구일지에 기록한 매력적인 남성들이 외적으로 보여주는 다양한 조건들을 다른 평범한 남성이 이를 그대로 모방한다면 과연 그 사람도 비슷한 수준의 매력을 자연스럽게 누리게 되는 것일까에 대해 한번 생각해보는 것도 재미있을 것 같다.)

2. 사람은 보편성과 특수성이 있다. 보편성은 사람이면 누구나 인종과 성별에 관계없이 보이는 일반적인 측면이라고 간주할 수 있고, 특수성은 사람마다 서로 제각각 다르게 보이는 측면이라고 할 수 있겠다.

사람은 보편성으로 인해 서로 비슷비슷해 보일 수도 있지만 특수성에서 특히 본인의 노력과 결단에서 비롯되는 다른 사람과의 차이는 그 격차에 있어 한계가 없다.

(그리고 보편성과 특수성 외에 고유성도 있는데 이 고유성은 'A라는 존재가 A임'을 다른 존재가 직관적으로 알아차릴 수 있게 되는 A만의 특성이라고 볼 수 있다. 비록 어떤 사람이 외모가 많이 변하고 그 사람을 오랜 세월이 지나서 만나게 되도 그 사람의 고유성으로 인해 눈앞의 이 사람이 예전 그 사람임을 직관적으로 알아차릴 수 있게 된다고 볼 수 있다.)

왜 자꾸 힐금힐금 보시나요

A가 어떤 장소에 머물고 있을 때 불특정 다수의 타인으로 부터 자연스럽게 반복적으로 시선을 받는 경우는 대개 3가지 이유로부터 기인한 상황이라 판단할 수 있다(단, A가 특이한 행위를 함으로써 주목을 받게 되는 경우나, A를 이미 알고 있 는 경우, 혹은 A와 비슷한 외모의 사람을 알고 있음에 따라 A 를 긴가민가하게 바라보는 경우는 염두에 두지 않는다).

첫째는 A가 그 장소에 머무름이 긍정적이고 호감으로 보이 는 경우, 둘째는 A의 머무름이 무언가 어색하고 불유쾌하게 보여 눈에 거슬리는 경우, 셋째는 A의 머무름이 장소에 머무 는 다른 사람과는 다르게 보여(호감, 비호감의 틀에서 벗어나) 독특함에 의해 계속 시선이 향하게 되는 경우로 간략히 추려 볼 수 있을 것이다.

만약 A가 그 장소에서 너무나 평범하게 보인다면 그가 눈 에 띄는 행위를 하지 않는 한 굳이 타인이 그를 반복적으로 특별하게 쳐다보게 되는 경우는 드물지 않을까. 누군가가 특정 장소에 머물 때 끊임없이 다른 사람들로부터 특별한 시선을 받게 되는 상황은 그 사람의 당시 기분상태나 성향에 따라 즐거움으로 느껴질 수도 있고 때때로 피로감으로 느껴질 수도 있을 것이다.

여기서 첫 번째 경우를 자세히 살펴보면 A에게 향하는 타인의 특별한 시선은 A가 현재 머물고 있는 장소에서 무언가 상대적 우월성을 누리고 있음을 말해준다고도 볼 수 있다(반면 현재 머무는 장소에서 암묵적으로 인정받던 상대적 우월성이 다른 장소에서는 인정받지 못하여 그 장소에서는 타인의 특별한 시선을 기대하기 어려운 경우도 있을 수 있다).

두 번째 경우는 A에게 향하는 부정적 시선은 대개 A가 현재 머무는 장소의 분위기가 암묵적으로 요구하는 외적인 조건을 충분히 갖추지 못한 경우 그 갖추지 못한 만큼 A는 자주 타인으로부터의 싸늘하고도 냉담한 시선을 받게 될 가능성이 있다(이 경우에도 A가 현재 머무는 장소에서 외적인 조건의 불충분함으로 간주되던 것이 다른 장소에서는 전혀 불충분함으로 간주되지 않거나 오히려 친밀함이나 호감으로 비춰지는 경우가 있을 수 있다).

세 번째 경우 타인의 특별한 시선은 상대적 우월 혹은 불충분함의 틀에서 벗어난 이질감 혹은 이국적 의미가 내포되어

있으며 이 경우 타인은 A를 대할 때 기존의 관례나 으레 지켜
야 할 형식적 예의범절로부터 자유로운 본인의 새로운 면모
를 발견하게 될 수도 있을 것이다(이 경우에도 A의 현재 장소
에서의 상대적 이질성은 다른 장소에서는 오히려 자연스러움
으로 간주되는 경우가 있을 수 있다).

부연설명

이 글에서 A의 상대적 우월성을 호감이 아닌 질투
로서 반응하는 경우가 있을 수 있고, 불충분함의 경우
이를 따뜻한 시선으로 바라보는 넉넉한 태도가 있을
수 있습니다. 이러한 경우들은 이 글에서 담아내지 못
한 측면이 되겠지요. 이 글은 하나의 재미있는 사색거
리임을 밝힙니다.

부유층이 자유를 사랑하는 방식

부유층은 대개 복지를 선호하지 않는다. 본인들이 별로 복지가 필요치 않을 뿐더러(오히려 의료민영화처럼 본인들이 비싼 돈을 들여 사적으로 수준 높은 서비스를 받을 수 있는 자유로운 선택의 폭이 늘어나길 바랄 가능성이 높다. 이것도 개인의 자유에 대한 사랑의 일환일까.) 복지가 확대되면 본인에게 부과되는 세금이 늘어날 가능성이 높고, 복지가 확대됨에 따라 정부와 관료의 영향력이 커지면 본인의 자유로운 경제활동에 규제와 간섭이 덩달아 늘어날까 두렵기도 할 것이다.

그래서 부유층은 대개 개인 자유의 수호라는 명분으로 간섭과 잔소리가 덜한 작은 정부를 선호하고 복지는 예산의 한계, 복지병, 경제성장을 저해하는 비효율성 등을 운운하며 가급적 최소화해야 한다는 시각을 가지는 편이다.

부유층에게 먼저 혜택을 주는 것이 경제성장에 있어 효율적이라는 낙숫물 이론을 추종하는 경향이 있다. 부유층이란 의미는 곧 그 사회 내부의 경쟁에서 이미 힘의 우위 혹은 경쟁력을 갖추고 있음을 말하며, 따라서 이들은 자연스럽게 힘의 논리를 추구하면서 힘의 논리가 여과 없이 관철되기 쉬운 자유로운 경쟁을 선호하는 편이다(물론 경쟁은 생산성, 혁신, 역동성의 측면에서 긍정성이 있다).

이 경쟁이 원활하게 작동하기 위해 정부는 가급적 최소한의 간섭과 규제만을 나설 것을 요구하며 이것이 곧 개인의 자유가 수호되는 모습이라 믿는 경향이 있다(정부의 영향력이 점점 커져 자유로운 경쟁이 간섭을 받기 시작하고 복지가 커져가는 것은 곧 개인의 자유가 위협받는 신호로 간주하는 일부의 시각도 있다). 또한 본인의 사유재산과 경제활동에의 안전을 보장해줄 수 있는 안정된 사회질서의 유지를 간절히 원하는바 정부가 이를 위해 강력히 나서줄 것을 요구하는 편이다.

이러한 사회질서의 유지에 있어서만큼은 부유층은 개인의 자유를 주장하기보다는 가급적 정부가 권위주의적인 모습으로 본인들의 자유로운 경제적 선택과 원활한 경쟁시스템에 의문을 제기하는 온갖 무질서적(?) 행위들을 바로잡아줄 것을 요구하는 단호한 모습을 보이기도 한다.

부유층이 자유를 사랑하는 방식은 정부가 낙숫물 이론에 따라 혜택은 우선적으로 제공하되 세금은 적게, 규제와 간섭도 적게 하는 식이다. 복지는 정부의 목소리가 커지고 세금이 늘어날 빌미를 제공하니 복지에 대한 온갖 부정적 이미지를 자금력을 동원하여(각종 싱크탱크와 정치인에 대한 후원, 언론을 통해) 유포시키려는 노력을 할 가능성이 있다.

본인들의 힘의 우위를 자유로이 행사하는 상태인 자유로운 경쟁의 모습이 곧 개인의 자유가 수호되는 아름다운 모습이라 생각하지만 이러한 경쟁시스템을 통한 부의 축적에 있어 걸림이 될 수 있는 온갖 사회적 투쟁은 정부가 나서서 권위적으로 신속히 진압해주기를 바라는 경향이 있다. 이때에는 부유층의 평소 개인의 자유에 대한 간절한 사랑은 찾아보기 어렵고 대신 '사회질서 안정'이란 근엄한 모습 뒤에 그들의 공포와 불안을 숨기는 초라함을 보이기도 한다.

생소한 것을 말한다는 것

혼자 있는 경우가 아니라면 으레 누군가를 만나게 된다. 타인과 만나면 자연스레 대화를 하게 되는데 이때 본인만 알고 있을 가능성이 높은 잘 알려지지 않은 생소한 것을 이야깃거리로 꺼내게 될 때 화자는 대개 직관적으로 3가지의 사항을 고려하게 된다.

첫째 이 이야깃거리가 분위기를 어색하게 하지는 않을 것인가, 둘째 상대방이 이 이야깃거리에 얼마나 관심을 가질 것인가, 셋째 이 생소한 이야깃거리를 상대방이 잘 이해할 수 있도록 얼마나 잘 설명할 수 있을 것인가.

만약 화자가 이 3가지의 험난한(?) 사안들을 가볍게 충족시킬 당당함과 여유가 있거나, 이러한 사안들을 염두에 두지 않을 만큼 생소한 이야깃거리를 꺼내고자 하는 동기와 의욕이 강하다면 그는 이야깃거리의 생소함을 공통된 관심사로 발전시키려 노력할 것이다.

하지만 화자가 여유의 부족과 피로감과 같은 여러 이유에 의해 위에서 언급한 3가지의 험난한 사안들을 충족해야만 하는 상황을 피하고 싶다면 대개 타인과의 대화에서는 상대방도 잘 알고 있을 법한 잘 알려진 것들 위주로 편하게 대화를 할 가능성이 높다.

따라서 어떤 대상이 언론을 통한 광고가 아닌 입소문을 통해 널리 알려진 경우를 본다면 그 이면에는 본인이 알고 있는 생소한 이야깃거리를 타인에게 잘 설명할 수 있는 능력을 갖춘 신뢰도와 영향력 있는 사람들의 도움과 더불어 보다 많은 사람들이 생소한 대상을 기꺼이 대화의 소재로 삼을 만큼 그 대상으로부터 큰 감흥을 느꼈다는 것을 알 수 있다.

전자의 경우는 금전적 뒷받침이나 인맥을 통해 어느 정도 충족시킬 수 있는 부분이지만 후자의 경우는 평소의 노력과 더불어 우호적인 상황적 흐름을 만나야 가능한 일이 아닐까.

C는 왜 불만인가

A라는 집단이 추구하는 방향성이 무엇인지 아는 B라는 집단은 A의 방향성에 우호적일 때 A가 방향성을 추구하는 과정에서 결정하는 연속성이 있는 선택(추구하는 방향성에 부합하는 선택들을 의미)에 대해 대체로 우호적으로 바라볼 가능성이 높다. 반면 A가 추구하는 방향성에 대해 동의하지 않는 C라는 집단은 A의 연속성이 있는 선택에 대해 우려와 반감의 시선으로 바라볼 가능성이 있다.

만약 A의 어떤 선택이 노선을 초월하여 다수에게 박수 받을만한 긍정성이 있는 것이라 할지라도 C의 경우는 A의 긍정적인 선택 또한 A가 추구하는 방향성으로 나아가는 여정의 일환으로 간주하기 쉽기에 내심 불편해할 가능성이 있다.

B는 A에 대해 늘 불평하는 C를 이해하기 어려우나 C는 A의 선택을 볼 때마다 자연스럽게 그가 추구하는 방향성을 함께 연상하게 될 가능성이 있기에 A의 선택에 대한 반대는 그

선택과 그 선택 너머의 노선에 대한 반대를 의미한다고 볼 수 있을 것이다.

어느 서양미술 입시생과의 대화

지금은 기교의 정밀함을 두고 논하는 시대가 아닌 작품 이면의 작가의 관의 독창성과 수준, 세련미를 논하는 시대라 생각합니다. 작가의 관이 독창성을 확보하면 그 관의 표현인 작품 또한 독창적일 수밖에 없겠지요.

독창성의 측면에서 아쉬움이 느껴지면서 오직 기교에만 치우친 작품은 아무래도 입시미술의 느낌 혹은 아류의 느낌에서 벗어나기 어려우며 미술사에 뚜렷한 족적을 남기는 것은 다소 어렵지 않나 싶습니다. 본인의 독창성 있는 관점, 이론적 체계를 갖추기 위한 공부는 예술가의 가장 중요한 덕목 중 하나란 점은 서양 현대미술의 흐름을 보면 쉽게 알 수 있는 사실이라 생각합니다.

한마디 더 첨부하자면 기존의 예술과 관련한 지식(기법을 다루는 지식 포함), 이론 중에서 어느 부분이 좀 더 진일보할 수 있는 여지가 있는 부분인지 고민하고, 그러한 영역을 찾아

보아야 합니다. 그 영역을 왜 예술적으로 시도해야 하는지의 '당위성'을 이론적으로 체계화하여 이를 당당히 선언하고 과감하게 밀어붙이는 태도는 대단히 중요합니다.

예) 관념의 진일보함

회화는 대부분 캔버스에만 표현한다(아직까지 회화는 일반적으로 캔버스에 표현해야 자연스러운 것이라는 관념이 하나의 상식으로 통용된다).

하지만 A가 캔버스의 평면성을 극복하고자 여러 개의 캔버스를 하나의 조각처럼 접합하여 이 '입체적 캔버스'에 그림을 그려 조형성을 부각시킨 새로운 양식의 회화를 선보인다.

A는 이제 '회화는 그 표현을 캔버스의 평면성에 의존해야 자연스럽다'는 상식적인 회화의 관념으로부터 '진일보함'을 성취했다.

이러한 '관념의 진일보함'의 역사가 곧 아방가르드의 역사다.

정치적 권력

정치적 권력은 수긍케 하고 납득케 하며 반발을 최소화하게끔 유도하는 힘이다. 권력이 살아있을수록, 권력이 실린 선택으로 직간접적으로 피해를 입는 경우나 그 선택이 추구하는 노선에 반대하는 경우가 아닌 이상 선택에 대한 반발과 저항은 최소화될 가능성이 높다. 반면 권력이 쇠잔해지면 그 선택은 처음부터 많은 의구심과 거센 반발 및 저항에 직면하기 쉽다. 권력을 살아있게 하는 동력은 권력을 행사하는 주체의 평판과 추구하는 노선의 정당성 그리고 그에 따른 성과의 수준으로 크게 3가지로 살펴볼 수 있다.

첫 번째 권력자의 평판은 그가 평소 개인적으로 추구하는 올바른 방향성, 그 방향성에 부합하는 연속성 있는 선택 그리고 얼마나 우호적인 상황적 흐름이 전개되는지와 같은 요인들에 의해 주로 권력자 개인의 평판 수준이 결정된다.

두 번째 권력자가 권력의 행사에 있어 추구하는 노선의 정당성은 그 사회의 다수 구성원의 욕망의 지향점과 더불어 적극적으로 추구함이 옳다고 다수가 인정하고 공감하는 가치들을 얼마나 조화롭게 잘 반영했느냐가 노선의 정당성의 수준을 결정한다(이 노선의 정당성은 사회체제에 따라 조금씩 다를 수 있다).

세 번째 권력자의 노선 추구 과정에서의 성과는 그 추구 과정에서의 선택들이 얼마나 시의적절했는지, 얼마나 정당한 절차를 거쳤는지, 얼마나 추구하는 노선(정당성을 갖춘 경우)에 부합했는지, 얼마나 우호적인 상황적 흐름이 전개되었는지에 따라 주로 결정된다.

권력자의 평판, 추구하는 노선의 정당성, 성과의 수준 이 3가지 부분은 어느 하나라도 부족함이 발생한다면 다른 나머지 부분에서 이를 상쇄할 만큼의 큰 이로움이 발생하거나 혹은 부족함이 발생한 부분을 극복하는 데 성공을 거두게 된다면 다행이지만, 그렇지 못할 경우 권력의 '수긍케 하고 납득케 하며 반발을 최소화하게끔 유도하는 힘'은 서서히 약화되어 결국 다음 권력자가 등장할 때까지 악화된 여론의 뭇매를 견디며 시스템에 의해 수동적으로 버티다 역사의 뒤안길로 사라지는 처량한 모습을 보이게 될 가능성이 있다. ✄

권장도서 (자천학)

현일 박재봉, 『하늘공부 1』, 도서출판 가마오, 2011.

현일 박재봉, 『하늘공부 2』, 도서출판 가마오, 2011.

현일 박재봉, 『하늘공부 3』, 평사리, 2012.

현일 박재봉, 『제라울』, 도서출판 가마오, 2013.

현일 박재봉, 『땅인 사람 1』, 도서출판 가마오, 2013.

현일 박재봉, 『땅인 사람 2』, 도서출판 가마오, 2013.

현일 박재봉, 『제라울 우주편』, 도서출판 가마오, 2014.

현일 박재봉, 『현통기』, 도서출판 가마오, 2014.

일상철학
2